요즘 역사

근대

요즘 역사

황현필 필

근대

역사

당신에게
가장 가까운
역사 歷史

역바연

수없이 쏟아져 나온 이순신 관련 역사서가 베스트셀러가 된 적은 없었지만 『이순신의 바다』는 많은 사랑을 받았다.

　도전정신이 생겨야 책도 써진다.

　이번에는 근현대사로 베스트셀러를 만들어 내고 싶었다.

　근현대사는 우리 모두 꼭 알아야 할 요즘 역사이기 때문이다.

　요즘 역사인 근현대사를 알게 되면

　내가 살고 있는 시간과 공간에 대한 진정한 이해가 가능하고

　삶에 대한 올바른 방향을 설정할 확률이 높아진다.

　재밌게 썼다.

　내 생각을 충분히 말했다.

　역사가의 해석을 듣기 싫거든 사료를 찾아보라.

　요즘 역사에 무지한 사람들이 많아서 정치가 시끄럽고 역사는 왜곡된다.

나의 요즘 역사는 분단과 매국과 독재를 추종하는 세력과 함께할 수 없다.

당연히 많은 이들이 읽기를 고대한다.
그러면 세상이 좋아질 테니……

목
차

1

상갓집 개가 권력을 잡기까지

세도정치기와 흥선대원군의 집권

1

1800년, 정조가 갑자기 사망했다.

그리고 19세기 전반기 순조·헌종·철종의 3대 60여 년을 세도정치기라고 한다. 세도정치기에 왕권은 유명무실해지고 외척(왕비의 집안)인 세도가문의 권력이 왕권을 넘어섰다. 그러나 순조 재위 34년을 과연 세도정치기로 봐야 하는지 의문점을 제기하고 싶다.

순조 재위기 최고 권력자 김조순은 안동 김씨 가문의 수장이자 순조의 장인이었다. 충분히 권세를 부릴 수도 있었음에도 김조순은 아들을 잘 보필해 달라는 정조와의 의리를 지키며 순조를 진심으로 모셨다. 김조순은 높은 관직과 뇌물을 마다하는 겸양을 보여 준, 조선 후기 몇 안 되는 훌륭한 사대부였다.

안동 김씨의 수장이었던 김조순의 사례를 보더라도, 순조 재위기 순조의 왕권은 존중되고 있었다.

그러나 김조순의 아들 김좌근과 김좌근의 양자 김병기, 김좌근의 집안 동생이자 철종의 장인 김문근 등의 안동 김씨는 세도가문이 되어 헌종과 철종 재위기에 무소불위의 권력을 누렸다.

그래서 세도정치기는 순조 34년을 제외한 헌종과 철종 2대 30여 년으로 보는 게 맞다.

우리 역사의 어두운 시기를 굳이 길게 잡고 싶지 않기 때문이기도 하다.

세도정치기에는 안동 김씨와 풍양 조씨 등의 외척이 발호하여 조선의 최고정치기구 비변사를 장악했다. 또한, 이 시기 지방 수령은 삼천 냥, 관찰사는 만 냥이라는 말이 공공연하게 나돌 정도로 관직을 사고파는 매관매직이 성행했다. 세도가문에 뇌물을 바치고 지방관이 된 수령은 본전을 찾기 위해 백성들을 수탈했다. 백성들은 전정(토지세)과 군정(군포세) 그리고 환곡(이자)이라는 국가의 세금을 담당하는 삼정제도에서 과다한 수취를 당했다. 이처럼 세도정치기 삼정의 문란은 백성들에게 큰 고통을 주었다.

한편, 조선은 빈번하게 출몰하는 이양선(서양 함선)과 천주교 교세가 확산함에 따라 사회적 혼란이 가중됐다. 팍팍한 삶에 지친 백성들은 앞날의 길흉을 예언하는 도참 신앙을 믿기 시작했고, '충남 서산 땅에 정씨 성을 가진 진인이 나타나 백성을 구한다'라는 『정감록』 같은 책도 유행했다. 그러나 신앙과 예언만으로 탐관오리들의 수탈과 삼정의 문란을 견디기 힘들었던 백성들이 곡괭이를 들고 저항에 나서면서 나라 곳곳에 민란이 일어났다. 대표적인 민란으로 평안도 지역에 대한 차별이 주원인이었던 홍경래의 난(1811)과 진주에서 시작된 민란이 전

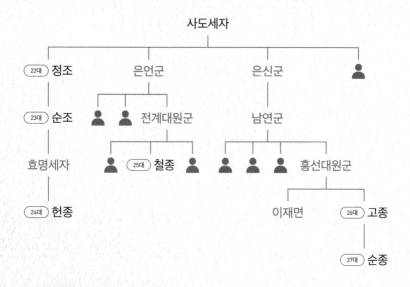

흥선대원군 가계도

국적으로 확산된 임술농민봉기(1862)가 있었다.

　세도정치기에 왕권이 약해진 이유 중 하나는 왕실의 아들이 귀해진 측면도 있다. 순조의 외아들 효명세자가 22살이라는 나이에 단명하자, 효명세자의 8살 난 외아들 헌종이 왕위에 올랐다.

　헌종은 청소년기부터 후사를 봐야 한다는 강박증을 가지고 무리하게 밤일을 했던 탓인지 혹은 보약을 과하게 복용한 탓인지 23살이라는 젊은 나이에 죽었다. 헌종 역시 아들을 남기지 못했으니, 이제 정조대왕의 직계 후손은 끊긴 셈이었다.

그러다 보니 강화도에서 평민처럼 살고 있던 사도세자의 증손자 이원범이라는 청년이 왕이 되었는데, 그가 바로 강화도령이라 불리는 철종이다. 철종은 무려 다섯 명의 아들을 낳았지만 모두 어린 나이에 죽고 말았다. 철종의 아들들이 병에 걸려 죽었는지 아니면 누군가에 의해 죽임을 당한 것인지는 확인할 방법이 없다.

철종은 최하층 백성들의 삶을 몸소 살았던 만큼 백성을 위한 애민정치를 하려는 의지가 컸다. 그러나 자신을 에워싼 안동 김씨의 세도를 극복하지 못한 채 끝내 병에 걸리고 말았다.

철종이 젊은 나이에 병에 걸리자, 안동 김씨는 세도를 계속 유지하기 위해 새로운 꼭두각시 왕을 골라야 했다. 사도세자의 또 다른 증손자 흥선군 이하응이 유력한 후보였다.

안동 김씨 가문의 세도정치에서 살아남기 위해 자신의 야심을 숨기고, 항상 술에 취한 척을 했다는 이유로 '상갓집 개' 혹은 '파락호' 등으로 불린 이하응. 그러나 이는 김동인의 소설 『운현궁의 봄』에서 묘사된 것으로, 대중에게 잘못 알려진 측면이 있다.

이하응의 아버지 남연군은 일찍이 그의 영특함을 알아보고 당대 최고학자였던 추사 김정희를 스승으로 삼았다. 이하응은 철종 이후 왕권을 이어받을 주자로 이름이 오르내리곤 하였으니, 제아무리 안동 김씨라 할지라도 함부로 할 수 있는 인물이 아니었다.

이하응은 집안의 재력 또한 상당했다. 아버지 남연군의 묘를 충남 덕산으로 이장하면서 기존에 있었던 가야사라는 절을 밀어버릴 정도로 성격도 과감했다. 이하응은 관직 또한 비변사를 드나드는 정2품의 오위도총부 도총관이었으니 지금으로 따지면 한 국가의 참모총장이 었던 셈이다.

이하응은 왕위 계승에 있어 분명 선두 주자에 있었다. 그러나 이하응은 높은 관직을 차지했음에도 사람들 앞에서 권위적으로 행동하지 않았다. 그는 '천하장안'이라 불리는 천씨·하씨·장씨·안씨 성을 가진 중인 출신을 심복으로 두었고, 상인들과도 스스럼없이 접촉했다.

이하응도 왕이 되기 위해서는 안동 김씨의 마음에 드는 것이 우선임을 알았다. 이하응은 안동 김씨 앞에서 왕족으로서의 권위를 드러내지 않았다. 그럼에도 안동 김씨는 이하응을 새로운 왕으로 앉히는 것을 탐탁지 않게 생각했다. 철종이 승하할 무렵, 이하응의 나이는 벌써 40대 중반을 향하고 있었기에 안동 김씨 입장에서는 나이 많은 왕을 꼭두각시로 다루기 부담스러웠다.

자신이 왕위 계승 후보에서 멀어지고 있음을 간파한 이하응은 왕실의 어른 신정왕후(조대비)에게 접근했다. 신정왕후는 남편 효명세자를 비명에 먼저 보내고 아들 헌종마저 잃은 비운의 여인으로, 철종 때는 왕실의 최고 어른이었다. 풍양 조씨였던 신정왕후는 안동 김씨에게 불만을 품었고, 이하응은 신정왕후의 속내를 알아챘다.

신정왕후를 찾아간 이하응이 이렇게 말했다.

"다음 왕 자리, 제가 안 된다면 제 아들은 될 수 있지 않겠습니까?"

이하응에게는 세 명의 아들이 있었다. 첫째 아들 서자 이재선 그리고 적자 이재면과 이명복이 있었다. 이하응이 눈치를 보아하니, 안동 김씨들은 곧 성인이 될 19살의 이재면보다 어린 12살의 이명복을 마음에 들어하는 듯했다.

이하응의 간청으로 조대비는 이명복을 자신의 남편 효명세자의 양자로 입적시켰다. 이로써 이하응의 아들 이명복은 왕실의 최고 어른 조대비의 아들이 됐다. 이후 철종이 죽자, 조대비는 새로운 왕으로 자신의 양아들 이명복을 지목했고, 안동 김씨 역시 어린 이명복에 만족했다. 이명복이 바로 고종이다.

일설에 의하면 안동 김씨도 나름 계산을 했다고 한다.

왕이 되기 전, 어린 이명복의 연이 끊어져 어느 안동 김씨의 집으로 들어간 적이 있었다. 보통 아이들 같았으면 겁도 없이 대문을 두들기며 연을 달라고 하든지 그럴 용기가 없다면 차라리 포기할 텐데, 이명복은 이러지도 저러지도 못하고 대문 앞에 앉아서 하루 종일 울고만 있었다고 한다. 이때부터 안동 김씨는 이명복의 우유부단함이 마음에 들었다. 그를 왕으로 세워 설령 그의 아버지 이하응이 살아 있는 대원군이 된다고 하더라도, 지금껏 이하응의 처신으로 보아 충분히 감당할 수 있겠다고 생각했던 것 같다.

대원군은 왕의 아버지를 칭하는 표현이다. 상식적으로 왕의 아버지 역시 왕인 경우가 대부분이었지만, 그렇지 않은 때도 있었다. 왕의 생부가 왕이 아니었던 경우, 그 생부는 대원군이라는 칭호를 받았다. 선조의 생부 덕흥대원군, 인조의 생부 정원대원군, 철종의 생부 전계대원군까지 이하응 이전에 세 명의 대원군이 있었으나 이들은 모두 죽은 후에야 대원군이라는 칭호를 받았다. 그러나 고종의 생부 흥선군 이하응은 우리 역사상 최초의 살아 있는 대원군이었다. ●

대원군이
300년만 일찍 태어났으면
조선의 역사는
바뀌었다?

우리 근현대사를 다루는 시중의 역사서는 물론이고, 모든 한국사 교과서가 근현대사의 출발을 흥선대원군 집권기로 시작한다. 학문적으로 진정한 근대의 시작점이 강화도조약(1876)이냐 갑오개혁(1894)이냐 정도의 논쟁은 있을지언정, 이 시기 역사를 이해하는 데 있어 대원군 집권기를 알아야 한다는 것은 모든 이가 동의한다. 그만큼 대원군의 집권을 기점으로 조선은 완전히 다른 세상이 됐다.

대원군은 첫 공식 석상에서 이렇게 말했다.

"내가 천리(종친)를 끌어들여 지척으로 삼고, 태산(노론)을 깎아 평지를 만들고, 남대문(남인)을 3층으로 높이려 하는데 공들의 생각은 어떠하오?"

일종의 취임식이라 할 수 있는 자리에서 안동 김씨를 비롯한 노론의 권력을 끊고, 종친과 남인을 등용하는 능력 위주의 인사정책을 실시하

흥선대원군

여 왕권을 강화하겠다는 정치 구상을 밝힌 것이었다. 대원군의 구상은 그가 집권할 동안 실제로 실현됐다.

흥선대원군은 안동 김씨를 축출하고 세도정치를 종식시켰다.

앞서 우리 역사에서는 통일신라 신문왕이 진골 귀족을, 고려 광종이 호족을, 공민왕이 권문세족을, 조선 태종이 개국공신을 숙청하며 왕권을 강화했다. 이후 대원군이 그 계보를 이어 왕권을 강화했다. 그러나 대원군은 호족을 무참히 죽인 고려 광종과는 달리 안동 김씨를 대놓고 죽이지는 않았다. 대신, 그들에게 왕권의 위엄을 분명하게 알리며 자신과 겨루다가는 죽을 수도 있다는 두려움을 안겨 주었다. 반면에 자신에게 순응하는 안동 김씨는 옆에 가까이 두고 부렸다.

대원군이 추진한 왕권강화의 핵심은 비변사를 혁파하는 것이었다. 본래 임시 군사기구였던 비변사는 임진왜란을 겪으며 인사와 국정 전반을 총괄하는 최고합좌기구로 올라섰다. 이후 17세기에 서인이, 18세기에 노론이, 19세기에 가서는 세도가문이 비변사를 장악했다.

비변사를 장악했다는 것은 곧 군권을 장악했다는 뜻이다. 조선 후기 군권을 빼앗긴 왕들의 왕권은 미약할 수밖에 없었다. 이에 대원군은 비변사를 혁파함과 동시에 정무는 의정부에서, 군사 문제는 삼군부에서 담당하게 하여 문신 관료들이 군권을 장악하는 것을 막았다. 그 결과, 왕이 직접 삼군부를 통솔하며 군권은 다시 왕에게 돌아갔다.

또한, 매관매직을 금하고 능력 위주의 인사정책인 과거제를 정상화함으로써 조선 후기 분쟁의 씨앗이었던 붕당정치 역시 사실상 종식을 고하게 했다.

1865년 집권 3년 차, 대원군은 경복궁의 재건을 꿈꿨다. 조선의 법궁이었던 경복궁은 앞서 임진왜란 때 소실된 상태로 방치됐다. 조선 후기 그 어떤 군주도 비용 감당이 어려워 경복궁을 재건할 엄두를 내지 못했다. 대원군은 집권 2년여 동안 경복궁 재건을 위해 재정을 확보했다. 왕실의 존엄성을 찾기 위한 프로젝트에 딴지를 놓는 기득권은 없었다.

경복궁 재건 공사가 시작되자 조선의 만백성이 호응했다. 도성 인근 백성들은 자발적으로 경복궁 공사에 참여했고, 노동에 대한 임금 역시 정당하게 주어졌다. 국가적 차원에서 실시한 대규모 공사에 흥을 돋우기 위한 사당패들이 상모를 돌리고, 꽹과리 소리가 끊임없이 울렸다. 아낙네들은 일을 하러 나간 남편의 점심을 먹이려 광주리를 머리에 이고서 모여들었으니, 난리도 이런 난리가 없었다. 좋은 난리였다.

그런데 경복궁 공사가 절반 정도 진행되었을 때 화재가 일어났다.

창고 800여 칸에 쌓아 둔 목재가 모두 타버려 공사는 중단될 처지에 놓이게 됐다. 항간에는 누군가 저지른 방화라는 소리도 들렸다.

많은 이들이 경복궁 공사를 다시 시작하려 하는 대원군을 말렸으나 대원군은 공사를 감행했다. 경복궁 재건 공사가 다시 시작되면서 국가 재정은 어려워지기 시작했다. 앞서 첫 번째 공사와는 달리 두 번째 공사에는 농민들이 강제로 노역에 동원됐다. 오죽하면 경복궁 타령 같은 노래가 나왔을까.

"조선 여덟도八道 유명한 돌은 경복궁 짓는 데 주춧돌 감이로다. 에헤 에헤 어야 얼럴럴거리고 방아로다 에헤"

또한, 대원군은 경복궁 재건을 위해 양반들에게 원납전(원하는 만큼 자발적으로 낸 공사비)을 강제로 징수하고, 양반 조상들의 묘지림에도 손을 댔다.

"이미 죽은 너희 부모의 묘가 중한가. 살아 있는 왕의 궁궐이 중한가."

이어서 대원군은 상평통보의 100배 가치를 지닌 고가의 화폐 당백전을 발행했다. 지금으로 치면 오백만원권 지폐가 발행된 셈이다. 당백전이 발행되자 화폐 가치는 떨어지고 물가가 상승하는 인플레이션 현상이 발생하기도 했다.

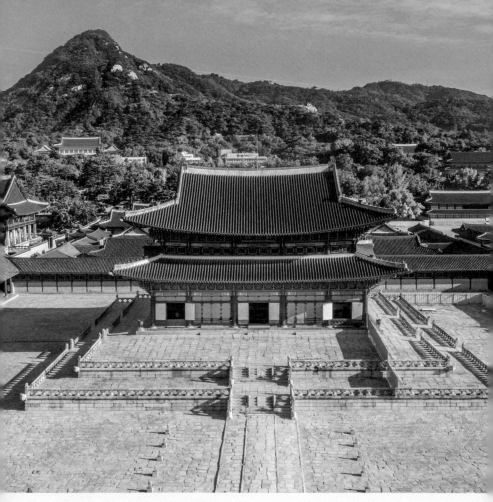

경복궁

결과적으로 대원군의 최대 업적이라 할 수 있는 경복궁 재건은 오히려 양반과 일반 백성까지 그에 대한 지지를 철회하는 이유가 되었으니, 참 아이러니한 일이다.

반면, 오늘날 우리는 경복궁을 재건한 대원군이 참 고맙다. 서울을 방문한 외국인들은 높은 현대식 건물과 조화를 이루는 경복궁을 비롯한 조선의 여러 고궁을 둘러보며 감탄을 내뱉는다.

"서울은 과거와 현재가 공존하는 도시다."

현재의 경복궁은 대원군이 완성한 경복궁의 일부일 뿐이다. 훗날 그의 아들 고종이 덕수궁의 규모를 키우기 위해 경복궁의 건물 일부를 헐었고, 또 일제강점기에 경복궁의 여러 부속 건물이 허물어졌다. 이후 지금까지 경복궁의 상당 부분은 공터로 남아 있다.

대원군이 완성한 경복궁은 지금의 기술력으로도 복원이 쉽지 않다. 건축 비용도 문제지만 그보다 이 땅에서 아름드리 금강송 나무를 찾기 힘든 게 현실이다. 현재 경복궁 복원이 상당 부분 진행되기는 했지만, 필자의 시각으로는 여전히 아쉽다.

전근대 사회의 민생안정은 군주의 첫 번째 덕목이자 왕권강화에 있어서 필요충분조건이었다. 민생이 안정되면 곧 재정이 확보되고, 그로 인해 왕권이 강화되기 때문이다.

대원군은 민생안정을 위해 세도정치기에 극심했던 삼정(전정·군정·환정)의 문란을 시정하고자 했다.

전정, 즉 토지세 문제를 해결하고자 전국적으로 양전사업을 시행하여 기록에 누락된 토지를 찾아냈다. 재정은 더욱 확충됐고, 양반 지주가 농민의 토지를 빼앗아 불법으로 소유하는 토지겸병 문제도 막아 내며 자영농을 보호했다.

군정, 대원군은 집집마다 군포를 부담하는 호포법을 시행했다. 군포는 원래 인두세라 하여 16세부터 60세까지 모든 자유민 남성에게 부과된 세금이었다. 그러나 양반들은 본인들도 자유민이면서 자연스럽게 군포를 면제받았고, 양반의 군포 면제는 오롯이 농민의 부담으로 돌아갔다. 앞서 영조가 균역법을 시행하여 군포를 2필에서 1필로 줄이기는 했지만, 여전히 농민에게만 부과되는 불공정한 세금이었다. 큰 결단을 내린 대원군은 호포법을 실시하여 세금 부과 기준을 인정(人)에서 호구(戶) 단위로 바꾸고, 이를 집집마다 적용했다. 양반이든 노비든 집을 가진 자는 군포를 낼 수밖에 없었다. 조선 사대부 양반들의 가장 큰 특권을 빼앗은 셈이었다.

환정, 국가는 춘궁기에 쌀을 빌려주고 추수 이후에 이자를 쳐서 갚게 하는 환곡제도를 운영했다. 그러나 관리들은 나라 재정을 충당하기 위해 편법을 동원하며 많은 이자를 요구했다. 이자는 점점 늘어나 고리대로 변질되었고, 백성들은 고통을 받았다. 이에 대원군은 환곡제를 국영이 아닌 향촌자치제로 운영되는 사창제로 전환하고, 그간 무리한 이자로 국가에 재산을 빼앗긴 농민들을 구제했다.

삼정의 문란을 시정하여 농민들의 삶을 챙기고, 국가 재정을 확보한 대원군은 다음으로 서원 철폐를 위한 칼을 꺼내 들었다. 서원은 선현에 대한 제사와 더불어 지역 교육의 장으로 조선을 대표하는 사교육 기관이었다. 문제는 서원이 받은 사액賜額(토지와 노비에 대한 면세)이라

도산서원

는 혜택이었다. 서원은 이 사액을 이용하여 지역 사회를 장악했다. 결국 시간이 흘러 서원은 붕당의 지역적 기반이 됐다.

대원군은 전국 600여 개 서원 중 47개만 남긴 채 철폐를 명령했다. 서원이 철폐되면 그곳에 딸린 토지와 노비는 국가 소유가 될 테니, 대원군은 분명 서원 철폐를 통해 재정 확보를 꾀한 셈이었다.

서원을 철폐하라는 대원군의 명령이 떨어지자, 전국의 양반 유생들은 패닉 상태에 빠졌다. 대원군이 시행한 호포법 때문에 군역의 특권이 사라진 것도 원통한 마당에, 양반의 권위를 나타내는 상징이자 자식들에게 교육적 특혜를 줄 수 있는 서원까지 포기할 수 없는 노릇이

었다.

　전국의 유생들은 서원 철폐를 반대하는 복합상소를 올리기 위해 한양으로 몰려들었다. 이 소식을 들은 대원군은 이렇게 말했다.

"서원은 선현을 모시는 곳인데 도적이 숨어 살아서야 되겠느냐? 나는 공자가 다시 태어난다고 해도 내 백성을 힘들게 하면 용서하지 않겠다."

　성리학 국가 조선에서 공자까지 들먹이며 백성의 안위를 먼저 챙겼던 군주가 존재했던가? 서원을 철폐하고, 사대를 상징하는 만동묘까지 혁파한 대원군이었으니, 그는 조선 역사상 가장 자주적인 인물 중 한 명이었다.

　대원군의 왕권강화와 민생안정에 대한 의지는 그의 집권기(1863-1873) 내내 꺾이지 않았다. 호포법과 서원 철폐가 대원군의 집권기 후반이라 할 수 있는 1871년에 본격적으로 시행된 것을 보면 충분히 증명되는 사실이다.

　이처럼 대원군은 집권을 마칠 때까지 기득권이 아닌 백성들의 편에서서 국가를 부강하게 만들었지만, 오늘날 그에 대한 이미지는 부정적이다.

　그 이유들은 이러하다.

　첫째, 쇄국정책(통상수교거부정책)을 고집하여 조선의 근대화에 발목을 잡았다.

　둘째, 권력욕에 사로잡혀 아들(고종)과 며느리(민비)와 대립하며 노욕을 보였다.

　셋째, 병인박해(1866)를 일으켜 천주교 신자를 많이 죽였다.

　대원군이 쇄국정책을 펼쳤다고 하지만, 그 이전에 쇄국하지 않은 군주가 있었던가. 더군다나 대원군은 쇄국정책 속에서도 강대국 프랑스와 미국의 침략까지 막아 냈다. 또한, 그는 맹목적인 쇄국이 아닌 서양무기를 도입하는 등 실리적인 면에 많은 관심을 기울였다. 따라서 그에게 조선의 근대화가 늦어진 것에 대한 모든 책임을 묻는 것은 다소

대원군의 거처 운현궁

무리가 있다. 게다가 아들과 며느리란 것들이 하필 고종과 민비였으니, 대원군으로서는 그들에게 정치를 믿고 맡길 수도 없었을 것이다.

물론, 국가적으로 천주교를 문란하다고 여긴 시대였다고 할지라도, 무려 8천여 명에 달하는 천주교 신자를 학살하다시피 한 대원군을 마냥 존경할 만한 인물로 평가하기는 어렵다.

하지만 국가를 새로 창업하거나 전쟁을 일으키는 것이 아닌, 오직 개인의 통치력만으로 시대적 병폐를 끊고, 이전 세상과의 긍정적인 단절을 이룬 인물로 대원군만 한 인물이 또 있던가?

첫째, 60여 년의 세도정치를 끝냈다.

둘째, 300년 만에 비변사를 해체했다.

셋째, 300년 만에 붕당정치를 끝냈다.

넷째, 300년 만에 경복궁을 재건했다.

다섯째, 400년 만에 서원을 제대로 철폐했다.

여섯째, 역사상 최초로 양반들에게 군포를 부과했다.

어떤 학자는 이렇게 말했다.

"대원군이 300년만 일찍 태어났다면, 조선의 역사는 바뀌었을 것
이다." ●

2

대원군도
학살자다

병인박해
(1866년)

2

흥선대원군이 집권하기 몇 년 전, 중국에서 제2차 아편전쟁이 일어났다(1856). 애로호전쟁으로 불리기도 하는 이 전쟁에서 청나라는 영국과 프랑스의 연합국에 일방적인 패배를 당한다. 영·프 연합군이 청나라 수도 베이징을 쉽게 점령하면서 자금성의 황제가 피난을 가야 하는 상황까지 벌어졌다. 이때, 러시아가 전쟁에 개입하여 양측 사이의 중재를 맡았다.

러시아의 개입으로 청과 영·프 연합국 사이에 베이징조약이 체결되고(1860), 전쟁은 종결됐다. 이 조약으로 승전국 영국과 프랑스는 청나라로부터 많은 이권을 챙겼다. 중재자로 나섰던 러시아도 청나라에 대가를 요구했다. 바로 연해주 할양이었다.

베이징조약으로 러시아가 연해주를 할양받자, 조선은 두만강을 경계로 러시아와 국경을 접하게 됐다. 조선이 서양 국가와 국경을 맞댄 것은 처음이었다. 문제는 그 국경이 두만강이라는 데 있었다. 강폭이 넓은 압록강과 달리 두만강은 물살은 세지만 강폭이 좁아 말을 타고

첨벙거리며 자유롭게 넘나들 수 있었다. 한겨울, 얼어붙은 강 위로 몇 발자국만 미끄러지면 건널 수 있는 강이 두만강이었다.

러시아 군인들은 두만강을 자주 넘어왔다. 조선인에게 러시아 군인들의 모습은 생소했다. 큰 키와 거대한 덩치를 지닌 그들은 말투마저 매우 사나웠다.

스파시바(고맙다는 뜻의 러시아어)······

조선의 권력자 대원군에게도 러시아는 큰 골칫거리였다. 이에 대원군은 서양의 다른 나라를 끌어들여서라도 러시아를 견제하겠다는 이이제이以夷制夷정책을 내놓았다.

그 당시 조선에서는 이미 프랑스 신부가 들어와 선교 활동을 하고 있었다. 다른 서양인에 비해 프랑스 사람들은 나폴레옹처럼 키도 작고 아담한 데다, 말투까지 사랑스러웠다.

봉주르, 쥬뗌므······

서양 제국주의의 침략성을 이해하지 못한 조선인들은 프랑스에 대한 거부감이 낮았을뿐더러 프랑스는 러시아를 견제하는 데 적절한 나라로 보였다. 그러나 조선이 내민 손길에 프랑스는 큰 흥미를 보이지 않았다. 인도차이나반도(베트남·라오스·캄보디아)를 식민지배하고자 하는 큰 그림을 그리고 있던 프랑스에게 조선이라는 나라는 그다지 매력

적이지 않았다.

한편, 500년 동안 조선의 기득권 세력으로 자리잡은 성리학 유생들은 위정척사衛正斥邪(성리학 이외 모든 사상을 배척하는 것)사상에 매몰되어 있었다. 그들이 지켜야 할 정도正道는 오로지 성리학이었다. 성리학을 제외한 학문이나 종교는 모두 배척과 멸시의 대상이었다. 그중에서도 특히 성리학과 신분 질서를 부정하는 서학(천주교)은 양반 유생들의 큰 적이었다.

대원군의 부인 여흥부대부인 민씨와 그의 딸은 일찍이 천주 신앙을 받아들였다. 그렇지 않아도 경복궁 재건을 핑계로 원납전을 강제로 징수하고 묘지림을 벌목하는 등 여러모로 대원군이 못마땅했던 유생들은 천주교에 관대한 대원군을 지지할 수 없었다. 그러나 대원군은 국정을 이끌어가는 데 있어 양반 유생들의 지지가 절대적으로 필요했기에 유생들의 마음을 돌리기 위한 확실한 한 방이 필요했다.

대원군은 결정을 내렸다. 천주교를 말살하기로.

일단 자기 부인과 딸부터 배교(따르던 종교를 배반하는 일)를 하게 했다. 그리고 전국에 있는 천주교 신자를 잡아들이라는 명령을 내려 수만 명의 천주교도를 체포했다. 압송된 천주교도의 남녀 비율을 보자면 남자 3명당 여자 1명꼴이었다.

"종교를 저버린다면 죽이지 않고 석방하겠다."

죽음 앞에서 남자들은 쉽게 배교를 선택했다. 그러나 여자들의 신앙의 깊이는 남자들과 달랐다. 여자들은 끝까지 웃는 얼굴로 찬송가를 부르며 사형을 당했다. 사형을 당한 남녀 비율을 보면 남자 1명당 여자 2명꼴이었다. 여자들의 신앙심이 남자들보다 강했던 이유는 천주 신앙에 대한 순수한 마음도 있었겠지만, 대체로 전근대 가부장적 사회에서 겪은 불평등과 고난이 그들을 현실에서의 평등과 내세를 강조하는 천주 신앙으로 내몰았던 것이다.

배교를 거부한 조선인 천주교 신도는 무려 8,000여 명에 달했고, 이들은 모두 죽임을 당했다. 이를 병인박해라고 한다(1866).

앞서 신해박해(1791)·신유박해(1801)·기해박해(1839)·병오박해(1846) 등 천주교도에 대한 여러 탄압과 박해가 있었지만, 우리 역사상 최대 규모의 박해는 병인박해였다.

서울 한강 변에 잠두봉(마포구 합정동)이라는 곳이 있다. 겸재 정선이 그림을 그려 남길 정도로 아름다웠기에, 조선을 방문한 중국 사신들은 술 한잔을 걸치며 한강의 아름다운 경치를 감상했다고 한다. 바로 이곳에서 수많은 천주교도의 목이 잘렸다.

지금은 잠두봉을 절두산切頭山이라 한다. 절두산 순교지를 방문하면 학살자 대원군을 향한 분노가 치밀어 오른다. 이는 제주 4·3 평화공원을 갔을 때 이승만을 향해, 그리고 광주 망월동 국립 5·18 민주묘지를 갔을 때 전두환을 향해 끓어오르는 분노와 비슷하다.

천주교를 향한 대원군의 칼날은 외국인 신부라 할지라도 가차없었다. 조선에서 선교 활동을 하던 프랑스 신부 12명 중 9명은 조선의 망

절두산 순교지

나니에게 목이 잘렸다. 간신히 살아남은 3명의 신부 가운데 리델Felix
Clair Ridel 신부는 여장을 한 채 가마를 타고서 청나라 톈진까지 몸을
피했다.

　당시 청나라 수도 베이징의 관문 격인 톈진에는 로즈Pierre Gustave
Roze 제독이 지휘하는 프랑스 극동함대가 주둔하고 있었다. 리델 신부
로부터 병인박해 소식을 전해 들은 로즈는 분노했다. 들어본 적도 없
는 낯선 조선이라는 나라에서 감히 대프랑스 제국의 신부들을 살해했
다는 사실을 용납할 수 없었다.

　로즈는 청나라 조정에 책임을 물며 따졌다.

"청의 속방이나 다름없는 조선이 우리 프랑스의 성직자를 죽였다. 책임져야 하지 않겠는가?"

"비록 조선은 우리에게 조공을 바치고 있지만, 국사國事는 자주적으로 결정한다. 우리가 관여할 수 없다."

"그렇다면 프랑스 국왕의 이름으로 내가 조선을 정벌하겠다."

"……"

로즈 제독은 프랑스 함대를 이끌고 조선으로 향했다. ●

3

왕실의궤와 경부고속철도

병인양요 (1866년)

3

1866년 7월, 로즈 제독은 프랑스 극동함대를 이끌고 강화 해협을 지나 한강으로 들어와 양화진까지 정탐을 이어 나갔다. 강화도에 있는 조선의 포대에서 사격을 가했을 법도 하지만 프랑스 함대의 위용에 기가 죽었는지 혹은 섣부른 선제공격이 가져올 화가 두려웠는지 아무런 대응도 하지 못했다. 덕분에 프랑스 함대는 조선의 수도 한양 코앞까지 손쉽게 진격했다.

이때 프랑스 함대에서 길잡이를 해 준 조선인들이 있었으니, 바로 병인박해 때 순교를 당한 조선인 신도의 가족들이었다. 가족을 잃은 그들의 비통한 심정이야 이해가 가지만, 결과적으로 그들은 종교 때문에 국가와 민족을 배반하는 행위를 한 셈이었다.

조선에 대한 한 차례의 정탐을 마친 로즈 제독은 두 달 후, 7척의 함대와 1,500명의 병력을 이끌고 강화도를 침략했다(1866.9, 병인양요). 프랑스군이 영종도를 공격한 뒤 강화도에 상륙하자 강화유수는 도망가기에 바빴고, 강화도는 쉽게 점령당했다.

병인양요 전개도

대원군은 강화도가 점령당했다는 소식을 듣고, 이경하를 순무사로 삼아 대항을 시도했다. 이때 로즈와 이경하 사이에 서로 주고받은 편지가 있는데, 그 내용을 보면 살벌하기 짝이 없다.

"프랑스는 서울까지 정복하러 갈 것이다. 너희는 우리 프랑스 신부 9명을 살해했으니, 우리는 너희 조선의 백성 9천 명을 죽이겠다."

"온 천하가 우리를 일컬어 예의지국이라 한다. 그런데 어떻게 자기 조상을 버리고 남의 조상을 섬기라 가르칠 수 있겠는가? 내가 천만의 대병을 거느리고 작은 섬을 점령한 너희를 토벌하리라."

강화도를 점령한 뒤 약탈을 자행하는 프랑스군의 모습은 해적과 별반 다르지 않았다. 그들은 민가를 뒤지고 주민들의 재물을 빼앗은 뒤, 강화 해협을 건너 한성근이 지키는 인천의 문수산성까지 공격했다(1866.9.18.). 기습적인 공격에 한성근을 비롯한 조선군이 포격으로 맞섰으나 프랑스군은 문수산성 성벽을 무너뜨렸다. 이 소식을 들은 도성의 백성들이 겁을 먹고 피난 갈 준비를 하자, 대원군은 백성들에게 이렇게 말했다.

"피난을 가면 죽이겠다. 결사 항전을 할 테니 나를 따르라."

이어서 대원군은 양헌수에게 강화도 탈환을 명령했다. 양헌수가 지원받은 병력은 겨우 수백 명에 불과했다. 양헌수는 병력 충원을 위해 전국에 흩어진 산포수(사냥꾼)를 불렀다. 인간보다 훨씬 빠른 짐승을 사냥하는 산포수는 어지간한 정식 군인보다 사격 경험이 풍부했다.

강화도는 고려 무신정권이 몽골과 결사 항전을 하겠다며 고려 조정을 이끌고 천도한 곳이다. 강화 해협의 거친 물살은 무려 38년간 몽골군의 침입을 막아 고려의 자존심을 지켰다. 그러나 양헌수는 강화 해협의 물살이 약해지는 새벽녘 썰물을 이용하여, 그것도 걸어서 단 하루 만에 강화도에 상륙했다. 몽골군이 수십 년간 건너지 못한 강화 해협을 양헌수가 단 하루 만에 건넌 것을 보면, 고려 이후 지난 수백 년의 세월이 강화 해협의 수심을 얕게 만들었거나 물살 또한 점차 약해진 듯하다.

양헌수를 비롯한 조선군이 강화도에 상륙하여 정족산성에 잠입했다는 소식을 들은 로즈 제독은 올리비에Marius Olivier 대령에게 정족산성 탈환을 명령했다. 올리비에를 선두로 200여 명의 프랑스 해병은 나귀에 먹을 것을 싣고 소풍 가듯이 정족산성으로 향했다. 그들은 야포조차 준비하지 않았다. 지금까지 상대한 조선군들은 총소리만 들려도 곧장 도망치는 겁쟁이들이었다. 하지만 프랑스군이 놓친 것이 하나 있었으니, 앞으로 마주하게 될 적들은 조선 산천의 맹수와 사투를 벌인 경험 많은 사냥꾼이었다.

양헌수는 프랑스군을 이길 수 있는 유일한 방법을 알았다. 프랑스 해병대의 자만심을 이용하는 것이었다. 양헌수는 성벽 위에 소수의 조선군만 배치하고, 산포수들은 성벽 아래에 몸을 숨겨 프랑스군이 다가올 때까지 기다리게 했다.

정족산성의 수비 병력이 얼마 되지 않는다고 생각한 프랑스군은 자신들의 사정거리를 자랑하기라도 하듯이 멀리서부터 총을 쏘며 다가왔다. 성벽 아래 납작 엎드려 기다리고 있던 산포수들의 사정거리 안으로 프랑스군들이 들어오자, 300여 개가 넘는 산포수들의 총구에서 동시에 불꽃이 튀었다. 프랑스군 6명이 즉사했고 수십 명의 부상자가 발생했다. 반면, 조선군의 전사자는 1명뿐이었다.

정족산성전투(1866.10.3.)에서 불의의 일격을 당한 프랑스군은 결국

강화도 정족산성

후퇴를 결정했다. 그들은 물러나면서도 어이가 없었을 것이다. 영국과 더불어 세계 패권을 다투는 자신들이, 불과 얼마 전 아편전쟁에서 동양의 맹주라 일컫는 청나라의 무릎을 꿇게 한 자신들이, 동방의 이름 모를 나라의 작은 섬에서 패배를 맛본 것이다.

물론, 산전수전을 다 겪은 프랑스군도 마냥 도망가지만은 않았다. 그들은 퇴로 곳곳에 매복조를 배치하며 후퇴했다. 이 때문에 프랑스군을 쫓아가던 조선군과 산포수들이 되려 공격당하는 모습이 펼쳐지기도 했다.

정족산성전투에서 패배했다는 소식을 들은 로즈 제독은 고민에 빠

요즘 역사

졌다. 강화도라는 작은 섬에서조차 고전을 면치 못한 자신의 부대가 조선의 도성까지 진격할 수 있을지 장담하기 어려웠다.

로즈는 전우를 잃은 분노에 후퇴를 거부하는 해병들을 달래며 전군 철수 명령을 내렸다. 철수를 준비하는 프랑스 해병대의 화풀이는 정족산성의 산포수들이 아닌 강화도의 민가와 문화재로 향했다.

강화도 행궁(비상시를 대비한 예비 궁궐)에는 외규장각이 있었다. 정조가 한양 창덕궁에 규장각을 설치하고 왕실 서적을 보관했듯이, 강화도 행궁에는 외규장각을 두고 여러 서적과 자료를 보관하게 했다.

프랑스군은 강화도에서 퇴각하면서 외규장각의 도서를 약탈한 후 불을 질렀다. 이 약탈은 훗날 한국과 프랑스 사이에서 뜨거운 감자가 됐다. ●

KTX와 왕실의궤의
상관관계

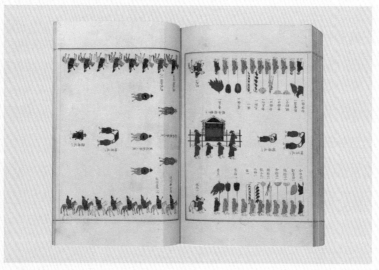

외규장각 왕실의궤

프랑스 국립박물관인 루브르박물관은 제국주의 시절 프랑스가 약탈한 세계 각국의 문화재를 보관하고 전시하는 곳으로, 박물관을 찾는 전 세계 사람들의 발길이 끊이지 않는다.

우리의 소중한 문화재 역시 루
브르박물관 내 프랑스 국립도서
관에 보관되어 있다. 그곳에는 신
라의 승려 혜초가 천축국(인도)을
답사하고 기록한 여행기 『왕오
천축국전』이 있다. 이는 1908년
중국 둔황 석굴에서 프랑스 고고
학자 폴 펠리오Paul Pelliot가 직접
발견한 것이기에 우리 것이라 주
장하기 어렵다.

박병선 박사

『직지심체요절』 또한 프랑스
국립도서관이 소장하고 있다.
1377년에 간행된 직지심체요절은 세계에서 가장 오래된 금속활자본으
로 유네스코가 지정한 세계기록유산이기도 하다. 직지심체요절은 19세
기 말 프랑스 부영사였던 빅토르 콜랭 드 플랑시Victor Collin de Plancy
가 정당하게 값을 내고 조선에서 반출해 갔기에 되돌려받기 어렵다.

한편, 프랑스에서 공부하던 박병선 박사는 방대한 조선의 왕실의궤
중 『외규장각의궤』가 프랑스 루브르박물관 내 도서관에 보관된 사실
을 알게 됐다. 『조선왕조의궤』는 세계기록유산으로 조선 왕실에서 거
행한 주요 행사를 그림과 글로 남긴 기록물이다. 그중 『외규장각의궤』
는 병인양요 때 프랑스군이 강화도에서 약탈하여 불법으로 가져갔기

때문에 정당하게 돌려받고자 하는 목소리를 낼 수 있었다.

　김영삼정부(1993-1998) 시기, 서울에서 부산을 잇는 대규모 고속철도사업이 진행됐다. 당시 세계에서 고속철도를 가장 잘 만드는 나라는 두말할 것 없이 일본이었다. 일본 고속철도의 자랑 신칸센은 지진이 나도 달린다는 말이 있었지만, 2011년 동일본 쓰나미 때는 신칸센도 멈췄다.

　경부고속철도사업은 우리나라 기술력만으로는 부족했던 탓에 선진국의 기술 협력을 받아야 했다. 그러나 아무리 일본이 세계 최고의 고속철도 기술력을 보유했다고 하더라도 일본의 협력을 받는 것은 대한민국 국민 정서상 쉬운 일이 아니었다. 김영삼정부 역시 일본을 배제했다.

　일본 다음으로 고속철도 기술력이 뛰어난 나라는 독일과 프랑스였다. 두 나라는 한국에 대한 기술 협력권을 따기 위해 서로 치열한 경쟁을 벌였다.

　이런 민감한 때, 1993년 프랑스의 미테랑 대통령이 한국을 찾아 김영삼 대통령을 만났다. 미테랑은 병인양요 때 프랑스가 빼앗아 간 외규장각 도서 일부를 한국에 반환하며 고속철도 기술 협력을 약속했다. 그러나 프랑스로부터 의궤 반환이 늦어지고, 두 나라 외교부 간에는 치열한 공방전이 오갔다. 그 후 1995년, 김영삼이 유럽을 방문하면서 첫 번째 방문국으로 프랑스를 선택했다.

　프랑스 파리 공항에 도착한 김영삼이 비행기에서 내리는 순간, 기대치 않은 상황이 연출됐다. 김영삼을 맞이하기 위해 미테랑이 공항에

미테랑과 김영삼

나타난 것이다.

문화강국을 자처하는 프랑스는 외국 국빈이 방문했을지라도 대통령이 직접 공항에 마중을 나가는 일이 드물었다. 교황이나 영국의 여왕, 남아프리카공화국의 만델라가 방문했을 때만 예외를 보였던 프랑스였다. 김영삼 대통령의 프랑스 방문 불과 일주일 전, 미국의 클린턴 대통령이 프랑스를 방문했을 때도 미테랑은 공항에 나가지 않았다. 그런 미테랑이 한국의 대통령 김영삼을 맞이하기 위해 직접 파리 공항에서 기다리고 있던 것이다.

"봉주르!"

김영삼을 만난 미테랑은 김영삼의 양쪽 볼에 입을 맞췄다.

이것으로 한국 고속철도 기술 협력은 프랑스와 손을 잡게 되면서 우리는 프랑스 TGV(테제베)의 기술을 도입한다.

한편, 김영삼도 미테랑에게 할 말은 했던 것 같다.

"대한민국 국민은 우리 대한민국에서 외규장각 도서를 볼 수 있길 희망하고 있습니다."

프랑스는 한국으로부터 돈이 되는 고속철도 기술 협력 사업권을 따내는 데 성공했지만, 문화재 반환만큼은 고심했다. 당시 의궤를 비롯한 외규장각 고문서를 한국으로 보내는 문제를 놓고 프랑스 총리실과 루브르박물관 측 모두 반대가 심했다. 그럼에도 대한민국 외교부의 끊임없는 노력으로 2011년 우리는 외규장각 의궤를 영구 임대 형식으로 돌려받았다. 임대 기간은 5년이었지만 임대를 연장할 수 있는 권한은 우리에게 있으니, 대한민국은 의궤를 영구적으로 보관할 수 있게 된 것이다.

병인양요 때 프랑스에 빼앗긴 『외규장각의궤』는 145년이라는 시간을 돌고 돌아 우리의 품으로 돌아왔다. ●

김일성 증조 할아버지의 영웅담?

4

제너럴셔먼호 사건 (1866년)

4

1866년은 병인년이다. 병인년에는 병인박해(1866.1.)가 있었고 병인양요(1866.9.)가 일어났다.

같은 해 여름, 미국의 제너럴셔먼호가 평양 대동강을 거슬러 올라와 조선에 통상을 요구했다. 당시 평안도 관찰사는 박규수였다. 그는 조선 후기 대표적 실학자인 연암 박지원의 손자로서 북학사상을 이어받아 외국과의 통상에 적극적이었다. 그는 제너럴셔먼호의 통상 요구 또한 긍정적으로 받아들였지만, 흥선대원군의 쇄국정책을 거스를 수는 없었다. 박규수는 제너럴셔먼호에 물과 음식을 내어 주며 통상이 불가함을 알렸다.

박규수의 거절에도 제너럴셔먼호는 증기선의 위세를 뽐내기라도 하듯이 대동강에서 배의 속도를 과시하며 물러나지 않고 계속해서 통상을 요구했다.

당시 조선은 증기선은커녕 제너럴셔먼호와 비슷한 크기의 배도 없었다. 조선 바다와 강가에는 오로지 사람이 젓는 노와 바람의 힘을 빌려 돛으로 움직일 수 있는 작은 배만 있을 뿐이었다.

평양을 흐르는 대동강과 능라도

대동강을 오르락내리락하던 제너럴셔먼호는 강변 마을을 드나들며 가축을 도살하고 여인들을 희롱했다. 그들은 교섭차 방문한 조선 관리를 억류한 다음, 석방 조건으로 쌀 1,000섬과 재물을 요구하기도 했다.

화가 난 평안감사 박규수는 평양 강변에 대포를 설치하고 제너럴셔먼호를 향해 조준했다. 그러나 조선의 대포는 사정거리와 정확도에 한계가 있었다. 강변에서 날아오는 조선의 대포는 제너럴셔먼호에 전혀 위협이 되지 못했고, 오히려 제너럴셔먼호가 포격을 맞받아치면서 조선의 군사와 백성들이 목숨을 잃었다.

상황이 불리해지자 박규수는 대동강에 있는 나룻배 수십 척을 모아 염초를 싣고 불을 붙였다. 그리고 불이 붙은 배를 상류에서 하류 쪽으로 떠내려가게 했다. 일종의 화공이었다.

증기선이라고는 하지만 제너럴셔먼호도 목선이었기에 배에 불이 붙는 일은 피해야 했다. 제너럴셔먼호는 대동강을 빠져나가고자 급히 서해를 향해 뱃머리를 돌렸다. 그러나 여름 홍수로 불어났던 강물이 빠지면서 대동강의 수위는 낮아진 상태였고, 제너럴셔먼호는 결국 평양 근처 모래사장에 배의 밑바닥이 처박히고 말았다.

평양 관민들은 제너럴셔먼호가 모래에 갇혀 더 이상 움직일 수 없게 되었다는 소식을 듣고 의미심장한 미소를 지으며 제너럴셔먼호를 향해 다가갔다. 평양 관민들이 제너럴셔먼호를 향해 다가오자 선원들은 두려워하며 총을 쏘아 댔다. 관민들이 총소리에 놀라 주춤하고 있을 때, 누군가 던진 화염병이 하늘 높이 날더니 제너럴셔먼호에 정확히 떨어졌다. 배는 곧 화염에 휩싸였다. 제너럴셔먼호의 선원들은 총을 버리고 손을 머리 위로 들고 밖으로 나와 항복 의사를 밝히며 무릎을 꿇었다. 그들의 눈빛은 자비를 바라고 있었다.

무릎을 꿇은 제너럴셔먼호 선원들에게 다가간 평양 관민들은 누가 먼저랄 것도 없이 선원들을 발로 밟기 시작했다. 제너럴셔먼호 선원 24명 전원은 구타로 사망했다. 선원은 미국인 3명, 영국인 2명, 중국인 16명, 말레이시아인 3명이었다.

박규수가 불에 반쯤 탄 제너럴셔먼호를 조사하러 직접 나섰다. 그러

남북전쟁의 명장 윌리엄 테쿰세 셔먼과 제너럴셔먼호로 알려졌던 로열프린세스호

나 증기선의 엔진을 보고도 배의 작동법을 알아내지 못했다. 결국 박규수는 평양 관민들에게 제너럴셔먼호를 내어 주었다. 관민들에 의해 분해된 제너럴셔먼호는 그렇게 지구상에서 사라졌다.

이 사건에 관해 또 다른 설이 있다. 박규수의 지시로 나룻배에 불이 붙은 염초를 싣고 화공을 전개한 결과, 제너럴셔먼호에 불이 나면서 선원들이 항복하고 체포되었다는 것이다.

"감사는 날래 선원들을 내놓으라우. 내래 직접 죽여야겠소."

평양의 성난 군중은 외국인 선원들을 자신들의 손으로 직접 응징하고 싶었다. 그러자 평안감사 박규수가 군중들의 폭동이 두려운 나머지 체포된 제너럴셔먼호의 선원들을 평양 관민에게 그대로 내어 주었다는 것이다.

이러나저러나 제너럴셔먼호의 선원 모두가 맞아 죽은 것은 명확한 사실이다.

제너럴셔먼호의 가장 큰 실수는 대동강을 거슬러 온 동네가 평양이었음을 간과했다는 점이다. 평양은 평안도의 감영(관찰사가 업무를 보던 곳)이 있는 대표 도시였다. 평양을 알기 위해서는 먼저 평안도를 이해해야 한다.

평안도와 함경도, 두 지역이 온전히 조선의 영토가 된 것은 세종이 평안도의 4군(최윤덕)과 함경도의 6진(김종서)을 개척하면서부터였다. 영토를 개척한 세종은 고민했다. 개척한 땅을 진정한 우리 영토로 만들기 위해서는 그곳에 조선 백성들이 살아야 했다. 그러나 어느 누가 야인(여진족)이 출몰하는 혹한의 국경지대에서 살고 싶겠는가.

세종은 고민 끝에 백성을 이주시키는 사민정책을 실시했다. 특히 경상도·전라도·충청도 삼남 지방의 주민들을 평안도와 함경도로 이주시켰다. 대신, 이주에 대한 혜택이 있었다. 먼저 과거에 실패한 양반에게는 수령 자리를 제시했고, 소작농에게는 토지를, 노비에게는 면천의 혜택을 주었다. 심지어 죄인의 경우에는 형량까지 없애 주면서 그들을 평안도나 함경도로 이주케 했다. 이후 평안도를 놓고 소작농과 노비와 죄인들이 건너가 터를 잡고 살기 시작한 지역이라고 하여 조선에서는 평안도 출신을 은근히 차별하기 시작했고, 그 차별은 19세기 홍경래의 난으로 이어졌다.

조선 후기 평안도는 국경지대로서 군대와 군인들의 가족이 거주하는 곳이었다. 숭문사상을 중시하는 남쪽과 달리 평안도는 숭무적 기풍이 강했다. 또한, 조선 후기 광산이 개발되고 청나라와의 무역이 활기를 띠면서 많은 상인과 광부들이 평안도를 찾았다.

서학과 더불어 새롭고 신기한 문물 역시 평안도를 통해 먼저 들어왔다. 평안도는 점점 조선의 다른 지역에서는 볼 수 없었던 모습을 풍기기 시작했다. 평화롭게 농사

북한의 제너럴셔먼호 격침 선전 우표

를 지으며 사는 한반도 남쪽과는 확연히 다른, 더욱 강인하고 개방적인 사람들이 사는 곳이었다. 그런 면에서 제너럴셔먼호는 제대로 임자를 만난 셈이었다.

미국은 통신이 끊긴 제너럴셔먼호를 결국 찾아냈다. 마지막으로 주고받은 교신을 확인한 결과, 제너럴셔먼호가 조선에서 화를 당했음을 알게 된 것이다. 일설에 의하면 평양 근처에 있던 한 선교사가 어느 기와집에서 'USA'라는 글자가 새겨진 기와를 발견하고 미국에 알림으로써 사건의 진상이 밝혀졌다고 한다.

한편, 대원군의 명령으로 바다에 잠긴 제너럴셔먼호를 건져 낸 다음 엔진을 고쳐 수리한 뒤 증기선을 운행하게 했지만, 실패했다는 설도 있다.

제너럴셔먼호가 불탄 지 5년이 지나서야 이 사건을 구실로 미국이 조선을 침략하니, 바로 신미양요다(1871).

북한의 수도 평양을 가로지르는 대동강에서 불에 타버린 미국 상선 제너럴셔먼호. 오늘날 북한 사람들에게 반미의식을 고취할 수 있는 딱 좋은 먹잇감이 됐다.

김응우라는 이름을 들어 본 적 있는가?

북한에서는 김응우라는 인물이 민중을 이끌고 제너럴셔먼호를 불태웠다고 가르친다. 물론 말도 안 되는 소리다. 김응우는 평양 근처에서 묘지기로 살았던 평범한 사람이다.

다만, 시간이 흘러 그의 증손자가 김일성이었을 뿐.

이는 백두혈통을 만들어 내기 위한 북한 김씨정권의 역사 왜곡이다. ●

5

조선을 사랑한 오페르트?

오페르트 도굴 미수 사건 (1868년)

5

평소 풍수지리에 빠져 있던 이하응은 경기도 연천에 있는 아버지 남연군의 묘를 이장하기 위해 조선에서 뛰어난 지관으로 알려진 정만인을 찾아갔다. 정만인은 이하응에게 두 곳의 명당자리를 제시했다.

"조선 대대로 최고의 부자가 나올 묫자리와 2대에 걸쳐 황제가 나올 묫자리가 있습니다."

이하응은 고민할 것도 없이 2대에 걸쳐 황제가 나온다는 묫자리를 선택하고 아버지의 묘를 이장했다. 그 자리가 현재 충남 덕산에 위치한 남연군의 묘다.

아이러니하게도 훗날 고종은 대한제국을 수립한 후 스스로 황제가 되었고, 그의 아들 순종은 대한제국의 마지막 황제였다.

독일 상인 오페르트Ernst Jakob Oppert는 유럽의 어느 지식인보다 조선에 관심이 많았다. 그는 일찍이 동북아의 조공체제를 이해한 뒤, 조

남연군 묘

선의 역사를 연구했다. 그는 조선을 향해 독립국이라고 표현한 몇 안되는 서양인이었다.

조선에 대한 오페르트의 기록은 다른 서양인들의 기록과 비교했을 때 상당히 긍정적이다.

"조선은 자주적인 독립국이며 조선인 스스로 그렇게 생각한다."

"조선인은 이웃 나라보다 품행이 올바르다. 조선인은 성실하고 정직하며 외국인에게도 우호적이다."

"조선인은 일본인보다 체격이 더 크다. 자질과 성품 또한 일본인보

에른스트 오페르트와 그의 저서 『금단의 나라 조선』

다 더 높이 평가된다."

이렇게 조선 사람을 높이 평가한 오페르트는 조선과 교역을 원했다. 그는 배를 타고 조선으로 건너와 통상을 요구하였으나, 흥선대원군의 쇄국정책에 가로막혀 빈손으로 돌아가야 했다. 오페르트는 자신의 무역을 방해하는 대원군과 조선에 등을 돌리고 말았다.

대원군이 병인박해를 일으켜 프랑스 신부 9명을 죽였을 때, 3명의 신부는 살아서 도망쳤다. 그중에 한 명이 앞서 설명한 리델이라는 신부다. 리델은 톈진까지 도망쳐 그곳에서 프랑스 극동함대 사령관 로

즈를 만났고, 그로 인해 병인양요가 일어났다. 리델 말고 살아서 도망 간 또 한 명의 프랑스 신부는 페롱Stanislas Féron이었다. 페롱은 청나라 상해에서 오페르트를 만나 대원군의 천주교 학살에 대한 실상을 전했 다. 오페르트 또한 자신이 대원군으로부터 통상을 거절당한 사실을 알 렸다. 페롱과 오페르트는 대원군을 향한 복수를 함께 다짐했다.

"흥선대원군, 당신이 우리 서양을 핍박했으니, 우리는 너희의 종교 (유교와 제사 의식)를 핍박하겠다."

당시 오페르트의 배후에는 상해 주재 미국영사관에서 근무한 젠킨 스Frederick Jenkins가 있었다. 젠킨스는 남연군의 유골을 인질로 삼아 조선에 통상 교섭을 요구할 생각을 품었다. 젠킨스는 오페르트에게 140여 명의 인력과 장비를 지원했다. 이렇게 경제적 지원을 얻은 오페 르트와 페롱은 젠킨스와 함께 도굴을 위해 상해를 떠났다. 이들은 조 선에 도착한 뒤, 충청남도에 있는 남연군의 묘로 향했다.

남연군의 묘는 일반인의 무덤이 아니었다. 당시 조선이 아무리 힘이 없었다고 한들, 엄연히 하나의 나라였다. 일국 왕의 할아버지이자, 권 력자 대원군의 선친인 남연군의 묘를 도굴하는 것은 그 시도부터 오만 불손한 행동이었다.

대원군은 아버지 남연군의 묘를 충남 덕산의 명당으로 이장한 후, 누구도 파헤치지 못하도록 무덤을 철통 보안으로 보호했다. 당시 명당 무덤을 파헤치고 그 안의 부장품을 노리는 도둑질이 활기를 띠고 있어

이를 대비한 것이었다. 그는 무려 $3m$나 되는 땅 아래 깊은 곳에 아버지의 관을 묻은 다음, 그 위에 석회를 바르고 쇳물을 부어버렸다.

　서양의 굴착 기술을 보유한 오페르트 일당도 별 뾰족한 수를 찾지 못했다. 오페르트는 남연군의 묘에서 석회만 보았을 뿐, 아무것도 얻지 못하고 철수했다. 그러나 오페르트는 자존심을 잃고 싶지 않았던지 대원군을 향해 이렇게 말했다.

"석회를 부수고 당신 선친의 유해를 빼앗을 수 있었으나, 도리상 하지 않았다. 그러니 어서 통상을 허락하라."

　한편, 이 사건을 놓고 오페르트와 덕산군수 이종신은 서로 말이 달랐다.

"이종신이 나에게 항복한 후, 남연군의 묘로 갈 수 있는 지름길을 알려 줬다."
"오페르트의 도굴을 막아 보려 최선을 다했으나, 중과부적이었다."

　아버지 남연군의 묘를 서양 오랑캐가 손을 댔다는 사실에 분노한 대원군은 도굴에 가담한 천주교인을 잡아 능지처참하여 죽였다. 대원군에게 복수를 꿈꿨던 오페르트와 신부 페롱의 행위는 오히려 조선의 천주교 박해에 대한 명분만 준 셈이었다.

　조선 내부에서는 서양에 대한 반감 또한 커져만 갔다. 서양인은 돈

벌이를 위해서라면 묘까지 파헤치는 금수만도 못한 오랑캐라는 인식이 퍼지기 시작한 것이다.

결과적으로 오페르트 도굴 미수 사건은 흥선대원군과 유생들이 자연스럽게 백성들의 지지를 얻고 이른바 '쇄국'을 당당히 펼칠 수 있는 계기를 만들어 준 셈이었다. ●

6

미국을
물러나게 만든
조선의 힘

신미양요
(1871년)

6

미국은 제너럴셔먼호 사건(1866)을 구실로 조선을 침략했다. 이를 신미양요(1871)라 한다.

신미양요는 제너럴셔먼호 사건이 있은 지 무려 5년이 지나서야 일어났다. 제너럴셔먼호 사건은 미국에게 조선 침략에 대한 당위성을 부여하는 명분이 되었을 뿐, 미국은 일찍이 조선을 눈여겨보며 조선과의 통상에 지속적으로 욕심을 드러냈다. 다른 서양 열강에 앞서 미국이 조선에 관심을 가졌던 이유는 무엇일까?

유럽 제국주의 국가들은 인도양을 통해 아시아로 들어왔다. 그들은 아랍과 인도를 거쳐 동남아와 중국을 먼저 접한 뒤에야 조선이라는 나라를 알게 됐다. 반면, 미국은 태평양을 건너 아시아로 들어왔다. 그들이 처음으로 개항시킨 나라는 일본이었고 그 옆에 조선이라는 나라가 있었으니, 미국은 다른 열강보다 먼저 조선에 관심을 가졌다.

1853년 도쿄 인근 바다에 미국 페리Matthew Calbraith Perry 제독이 이끄는 흑선(이양선)이 나타나자, 일본 사람들은 겁에 질린 얼굴로 흑선

광성보의 손돌목돈대(위)와 용두돈대(아래)

을 마주했다. 곧이어 흑선에서 포탄이 날아오기 시작했고, 미국의 포
함외교(군함을 앞세워 위협을 가하는 외교정책, 함포외교라고도 한다)에 일본
은 바로 무릎을 꿇었다. 일본은 강자를 빨리 인정할 줄 아는 민족성이

있다. 이후 미일수호통상조약이 체결되면서(1858) 일본 나가사키에 미국 해병대가 주둔하기 시작했다.

단지 몇 척의 군함만 보였을 뿐인데, 스스로 문호를 개방하는 일본을 보며 미국은 조선의 개항 역시 쉽게 이루어질 것이라고 예상했다.

미국은 제너럴셔먼호 사건을 공동 조사한다는 명목으로 조선에 통상을 요구했다. 조선은 당연히 거절했다.

나가사키항에 주둔 중이던 미국 해병대는 곧바로 상륙전을 준비했다. 미국도 마냥 방심하지는 않았다. 5년 전, 프랑스가 조선 강화도를 침략했다가 패퇴했다는 것을 알고 있었기 때문이다. 미국은 프랑스에 조선을 향한 공동 출정 의사를 물었으나, 프랑스는 미국에게 강화도 지도를 건네줄 뿐이었다.

미국이 출정을 준비하던 그즈음, 미국 해병대원 사이에 이상한 소문이 돌기 시작했다.

"조선인은 헤라클레스처럼 힘이 장사다."

1871년 4월, 미국의 로저스John Rodgers 제독은 5척의 함대에 1,200여 명의 해병을 태우고 조선으로 출격했다. 미군은 조선의 남해와 서해의 연안을 타고 올라와 강화 해협에 다다랐다.

강화도 손돌목돈대에서 머무르던 조선군은 미국 군함을 발견하자마자 당차게 함포를 퍼부었다. 자신들과 싸워 볼 엄두조차 내지 못한

요즘 역사

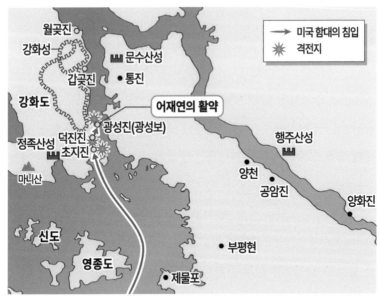

신미양요 전개도

일본과 달리, 조선군의 거센 공격에 미군은 적잖이 당황했다. 조선군이 얼마나 많은 포를 쏘았는지 어느 한 미군은 이런 기록까지 남겼다.

"남북전쟁 때도 이런 맹렬한 포격은 본 적이 없었다."

조선군의 맹렬한 포격에도 미군 측 부상자는 겨우 3명에 불과했다. 조선군의 포격은 사정거리가 짧은 탓에 미국 전함에 닿지 못했기 때문이다. 미군은 그저 멋진 불꽃놀이를 구경한 셈이었다.

이후 미군은 강화도에 상륙하고, 조선의 함포기지인 초지진과 덕진진을 쉽게 점령했다. 조선군은 광성보에 병력을 집중시켜 방어전을 준비하고 있었기 때문에, 초지진과 덕진진은 사실상 빈집이나 다름없었다.

미군은 광성보를 향해 뻘밭을 달리고 기어가며 상륙전을 감행했다. 곧이어 미국 전함에서 퍼붓는 엄청난 포탄이 광성보를 타격했다. 포탄 세례 속에 조선군 일부는 화승총을 열심히 쏘았지만, 미군을 맞추지는 못했다.

광성보를 공격하는 미국 해병대는 자국 내 인디언 소탕과 남북전쟁 참전 등 전쟁 경험이 풍부한 군인들이었다. 이와 달리 광성보에 주둔한 조선군 상당수는 전투 경험이 전무했다. 무기의 열세는 더욱 심각했다. 함포의 사정거리는 비교가 되지 않았고, 개인 화기 역시 수준 차이가 컸다. 조선군이 소지한 화승총은 분당 한두 발만 쏠 수 있었던 것과 달리 당시 미군의 총은 분당 열 발 이상을 쏠 수 있었다.

조선군의 오판은 예상치 못한 곳에서 일어났다. 전투에 참여한 조선군 중 경제적으로 여유 있는 양반 출신 장교들은 삼베옷을 13겹이나 껴입고 전투에 나섰다. 서양의 총알이 삼베옷을 12겹까지 통과한다는 소문 때문이었다. 면을 겹겹이 겹쳐 만든 이 갑옷은 농담으로 '세계 최초의 방탄복'이라고 말하는 면제배갑이다.

비싼 삼베옷을 마련하기 힘들었던 일반 병사들은 대신 솜옷을 두껍게 껴입었다. 솜옷 위에는 솜이 단단히 뭉치도록 물을 뿌렸다. 그러나 광성보전투는 한여름에 전개됐다. 한여름 더위에 조선군이 입고 있는 물에 젖은 솜옷은 금방 말라버렸다. 광성보에 미군의 포탄이 떨어지자, 조선군 진영은 화염에 휩싸였고 조선군이 입은 솜옷에는 불이 붙었다. 그들은 솜옷에 붙은 불을 끄기 위해 본능적으로 물을 찾아 바다로 달려들었다. 조선군들이 뛰어든 바다 쪽에서는 미군들이 뻘밭을 기어오며 총을 쏘고 있었다. 온몸에 불이 붙은 채 자신들에게 달려드는 조선군들을 보며 미군들은 또 얼마나 놀랐을까.

면제배갑

미군은 끝내 광성보에 상륙했다. 광성보에 진입한 미군을 향해 조선군은 칼을 휘둘렀다. 그것도 안 되면 돌을 주워 던졌고, 주변에 돌이 없으면 흙을 뿌렸다. 포로가 될 것 같으면 자결을 시도했다.

전투는 끝났다. 전례를 찾아볼 수 없을 정도로 치열했던 이 전투에서 미군의 전사자는 단 3명이었다. 그러나 조선군 전사자는 무려 350여 명이나 됐다. 그중 100여 명은 익사했다. 학살이라고 보아도 무방한 정도의 압도적인 전쟁교환비였다. 일방적인 승리에도 미군은 환호하지 못했다. 그들의 얼굴에는 오히려 우울한 표정이 비쳤다.

아무리 용감한 군인이라 하더라도 죽음에 대한 공포와 살고자 하는 본능이 있기 마련이다. 또한, 전력의 차이가 뚜렷하고 아군의 패배가

광성보전투 직후 조선군의 시신과 조선군 포로

예상될 시에는 전략상 후퇴도 병법의 일종이고, 살고자 도망가는 것은 인간의 본능이다. 그러나 미군은 광성보전투에서 도망가는 조선군을 단 한 명도 보지 못했다. 상투를 풀어헤치고 머리카락은 허리까지 내려온 상태로, 또 빨간 피로 얼룩진 흰 솜옷을 입고 달려드는 조선군을 보며 미군은 질렸을 것이다.

미군 장교 알버트 카스텔Albert Castel은 이렇게 말했다.

"용감한 조선군은 항복을 몰랐다. 무기를 잃은 자는 땅에서 돌을 주워 던졌다. 그러나 상황이 불리해지자 조선군은 언덕을 내려가 강물에 몸을 던졌다. 다른 이들은 스스로 목을 찔렀다."

미군 대령 슐레이Winfield Scott Schley는 이렇게 말했다.

"조선군은 용감무쌍하게 싸웠다. 그들처럼 가족과 국가를 위해 싸

신미양요 때 빼앗긴 어재연의 수자기와 2007년 되돌려받은 수자기(강화전쟁박물관)

우다 죽은 국민을 다신 볼 수 없을 것이다."

미군 대위 틸톤Mclane Tilton은 부인에게 아래와 같은 편지를 남겼다.

"나는 많은 전쟁을 겪었지만, 조선이라는 나라의 한 섬에서 치른 전투만큼 끔찍한 기억은 찾아볼 수 없소."

신미양요는 미국의 압도적인 승리로 끝났다. 하지만 로저스 제독은 전투에서 승리한 다음 날 퇴각을 결정한다. 조선 출정을 통해 미국과 로저스 제독이 얻어 낸 것은 없었다. 조선을 개항시키기는커녕 제너럴셔먼호 사건에 대한 사과조차 받아 내지 못한 출정이었다. 일본과는 너무나도 다른 조선에 큰코다친 미국이었다.

반대로 조선과 흥선대원군은 사뭇 당당했고 전국 각지에 척화비도 세워졌다.

척화비

"양이침범洋夷侵犯 비전즉화非戰則
和 주화매국主和賣國"

"서양 오랑캐가 침범하였을 때 싸
우지 않으면 화친하는 것이고, 화친
을 주장하는 것은 나라를 팔아먹는
것이다."

전투가 끝난 직후 미국은 사로잡
은 조선군 포로를 내세워 협상을 시
도하려 했지만, 조선 조정에서는 이
렇게 답변했다.

"수치스럽게 살아서 포로가 된 이
들을 알아서 하라."

조선군 포로들은 미군이 주는 식사를 거부하며 굶어 죽을 태세였
다. 미군은 포로를 잡아 두는 일이 더 이상 무의미하다고 판단하며 그
들을 석방했다. 포로들이 고국으로 돌아오자, 조선은 그들을 극진히
대했다. ●

7

여흥 민씨보다 안동 김씨가 차라리 나았다

대원군의 하야와
고종의 친정체제
(1873년)

7

안동 김씨를 몰아낸 흥선대원군은 외척의 발호를 두려워했다. 외척은 왕의 친족을 뜻하는 '종친'의 반대말로 왕의 외가, 즉 대비나 왕비 혹은 세자빈의 집안을 뜻한다. 실제로 세도정치기에는 안동 김씨와 풍양 조씨가 외척으로 권력을 부렸다.

대원군으로서는 또다시 외척 세력이 나타나는 것을 막기 위해 며느리, 즉 고종의 부인이 될 사람을 잘 들여야 했다. 그러나 세도를 부리지 못할 만큼 한미한 집안 출신이면서 자기 입맛에도 맞는 며느릿감을 찾는 일은 쉽지 않았다.

그러던 중, 대원군의 처가 식구인 민치록의 외동딸 민자영이 눈에 들어왔다. 당시 민치록은 이미 세상을 떠난 사람이었고, 민치록의 양자로 들어간 민승호는 대원군의 처남이었다. 다시 말해 민자영은 대원군의 처남 민승호의 여동생이었다. 만약 이 결혼이 성사된다면 고종은 자기 외삼촌 민승호의 족보상 여동생, 즉 이모와 결혼하는 셈이었다. 족보상으로는 세상에 없는 근친혼이었다.

그럼에도 대원군은 민자영을 조선의 중전으로 간택했다.

민비 예상 사진

대원군은 평생에 한이 될 실수를 자기 손으로 직접 저지른 셈이
었다.

민자영의 궁중 생활은 쉽지 않았다. 잘 나가는 가문의 규수도 아닌
몰락한 집안의 한 소녀가 갑자기 왕비가 되었으니, 궁궐에서는 그녀를
시기하는 궁인들의 수군거리는 소리가 들렸을 법도 하다.

남편 고종은 민자영보다 한 살 어렸고, 그녀가 겪는 어려움을 감싸
주지 못했다. 게다가 민자영을 이성적으로 좋아한 것 같지도 않다. 당
시 고종은 자신보다 아홉 살 연상의 궁인 이 씨와 사랑에 빠져 있었다.
훗날 이상궁은 고종의 첫아들 완화군을 낳았으나, 완화군은 어린 나이
에 갑자기 죽고 만다. 일설에는 민비가 죽였다고 하는데⋯⋯

오늘날, 민자영의 외모를 정확히 알 방법은 없다. 여기저기에 민비라고 주장하는 사진들은 존재하지만 제대로 증명된 것은 없다. 한편, 영국 출신 여류 작가 이사벨라 버드 비숍Isabella Bird Bishop의 『조선과 그 이웃나라들』에는 민비의 외모가 묘사되어 있다.

"눈매가 날카롭고 매서웠으며, 얼굴은 파랬다."

도깨비인가?

얼굴이 파랗다는 것을 보아 민비의 얼굴은 납에 중독되었을 가능성이 있다. 당시 상류층 여성들은 서양에서 수입된 화장품을 사용했다. 지금처럼 비누나 클렌징폼이 없는 세상이었던지라 얼굴에 바른 분을 잘 씻지 못했을 테니, 납에 중독되었을 확률이 높다. 그즈음 조선의 기생 상당수의 얼굴이 납에 중독되어 파랗게 변한 것을 보면 어느 정도 설득력이 있는 말이다.

객관적으로 바라봤을 때 중전 민씨의 삶은 불행했다. 전근대 시대 여성의 삶을 논할 때, 여자는 어려서 아비의 보살핌을 받고, 출가해서는 남편의 사랑을 받고, 늙어서는 자식의 봉양을 받는 것이 행복의 척도였다. 그런 의미에서 민비는 어려서 아비를 잃고, 남편은 어리석은 고종이었으며(그래도 덕분에 왕비가 되었으니), 아들은 일찍 죽거나 혹은 자폐가 있었으니, 불행한 삶이었다.

민비는 첫째 아들이 태어나자, 유모들을 모두 물리고 아이를 직접 데리고 자면서 기저귀 역시 손수 갈았다. 주변을 믿을 수 없었는지 민비는 육아에 관련된 모든 일을 홀로 해냈다. 그러던 중 얼마 지나지 않아 중궁전에서 민비의 괴성이 들렸다. 이에 놀란 궁녀들이 달려갔다.

민비는 혼이 나간 채 중얼거렸다.

"내 아들이……"
"항문이 없다."

태어난 후 며칠간 대변을 누지 않자, 이상하게 여긴 민비는 아들의 엉덩이를 살폈다. 그런데 아들의 항문이 막혀 있었다. 궁궐은 뒤집혔다. 다른 사람도 아니고 훗날 왕이 될지도 모를 원자가 항문 없이 태어난 것이었다.

당시 조선에는 서양 의학이 들어와 있었고, 서양 의술을 익힌 선교사들도 많았다. 한 미국인 의사가 직접 원자의 수술을 맡겠다고 팔을 걷어붙였다.

그러나 대원군은 노발대발했다.

"뭐라? 우리 원자의 몸에 칼을 댄다? 당장 중단하고 산삼을 달여 먹여라!"

생후 일주일도 되지 않은 아이에게, 그것도 항문이 막힌 아이에게 산삼을 먹였으니, 산삼을 먹은 원자는 결국 죽고 말았다.

이성을 잃은 민비는 시아버지 향해 분노를 표했다. 다만, 일설에 의하면 대원군이 수술을 원했지만 오히려 고종과 민비가 망설였다는 주장도 있다.

민비는 아들을 또 낳았다. 민비는 아들의 항문부터 확인했다. 다행스럽게도 항문이 제대로 있던 아이는 잘 자라나 싶었지만, 뭔가 말도 어눌하고 발달도 느렸다. 그 아이가 훗날 대한제국의 마지막 황제 순종이다.

순종을 두고 여러 주장이 있지만 순종은 약간의 자폐 증세가 있었던 것으로 보인다. 순종의 자폐는 민비의 비극이자 조선의 비극이었다.

대원군이 집권한 지 10년이 지나 고종도 22살이 됐다. 아들이 성인이 된 지 한참이나 지났지만 대원군은 섭정을 그만두지 않았다. 대원군의 눈치만 보느라 누구도 대원군의 섭정을 비판하는 입바른 소리를 꺼내지 못하고 있을 때, 민비와 손잡은 유생 최익현이 고종에게 상소를 올렸다.

"(중략) 종친의 정치 참여를 금하게 하소서."

최익현의 상소를 한 마디로 줄이자면 이렇다.

"대원군, 당신 아들 다 컸는데, 대체 언제까지 섭정할래."

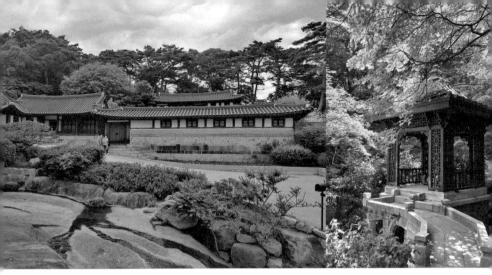

흥선대원군이 하야 후 시간을 보낸 석파정

최익현의 상소로 대원군은 결국 하야했다.

고종과 민비는 최익현을 비롯한 유생들을 등에 업고 친정체제를 수립했다. 유생들이 고종과 민비를 지지한 이유는 호포법 철폐 약속을 받았기 때문이다. 대원군이 양반에게 군포를 부과함으로써 나라의 재정이 유례없이 탄탄해졌건만, 고종과 민비는 자신들의 권력 장악을 위해 양반 기득권의 이익을 다시 챙겨 줄 것을 약속한 것이다.

한편, 서양과의 통상수교를 막았던 대원군이 하야한 직후, 강화도조약이 체결되어(1876) 개항이 단행됐다. 조선에서는 통상개화론자들이 득세하기 시작했다. 게다가 호포법 폐지 약속마저 지켜지지 않자 보수 유생들은 고종과 민비에게 반감을 품었다. 고종과 민비는 새로운 지지 세력이 필요했다. 그들이 가장 믿을만한 이들은 결국 핏줄이었다. 그로 인해 민비 집안인 여흥 민씨가 조선의 관직을 독점하게 된다. 고종의 친정체제가 수립되었다고는 하지만 대원군이 하야한 1873년부터 민비가 시해당한 1895년까지는 사실상 '민씨척족정권'으로 봐도 무방하다.

민씨척족정권 20여 년 동안 여흥 민씨 출신의 관직 진출자는 무려 300여 명에 달했다. 세도정치기 안동 김씨도 이 정도는 아니었다.

오죽하면 '아리랑타령' 중 이런 가사가 있을까.

"이씨의 사촌이 되지 말고 민씨의 팔촌이 되려무나."

특히 대원군이 가장 신뢰했던 처남 민승호와 민겸호는 민비의 충실한 심복으로 변모했다. 그들의 더러운 권력질의 말로는 처참했다.

민치록의 양자로서 민비의 오빠가 된 민승호는 어떤 스님으로부터 선물 상자를 받았는데, 그 상자에는 폭탄이 들어 있었다. 상자를 열자마자 폭탄이 터져 결국 민승호와 그의 모친 그리고 9살 아들은 폭사했다. 민겸호는 임오군란 때 구식 군인들에게 맞아 창자가 터져 죽었다.

이처럼 민비 의붓오빠들의 최후만 보더라도 당시 여흥 민씨의 악행이 어떠했을지 짐작이 간다. ●

8

불평등 조약의 피해는 국가와 백성에게로

강화도조약과 각국과의 수교 (1876년)

8
--

일본은 메이지유신을 단행하여(1868) 에도막부를 무너뜨리고 근대화에 박차를 가했다. 일본은 정계 일선에 대두한 왜왕의 이름으로 조선에 국서를 보냈다.

일본이 보낸 국서에 따르면, 일본의 왕실은 '황실皇室'이라고 적혀있던 반면에 조선은 신하를 뜻하는 '조신朝臣'이라고 쓰여 있었다. 흥선대원군은 이를 읽고 노발대발하며 국서를 구겼다(1868, 세계 사건).

왜왕의 권위가 짓밟혔다고 생각한 일본 내 군부 강경파는 '한반도를 정벌해야 한다'라는 정한론征韓論을 펼쳤다. 반면 유학생 그룹으로 구성되어 이토 히로부미를 중심으로 한 온건파는 조선을 개항시키자는 쪽으로 의견을 모았다.

흥선대원군이 하야하자(1873) 이를 지켜보던 일본이 움직였다. 앞서 미국의 함포외교에 굴복하며 개항을 결정한 일본은 자신들이 당한 방식을 이용해 조선을 개항시키기로 마음먹었다. 일본은 영국의 지원을 받아 근대식 군함도 마련했다.

운요호

1875년, 강화도 근처 초지진에 일본의 군함 운요호가 나타났다. 초지진에 있던 조선군은 운요호를 향해 포를 쏘았다. 그러나 성능이 열악한 조선의 대포는 운요호가 있는 곳까지 포탄을 날릴 수 없었다. 반면, 운요호는 마치 조선의 선제공격을 기다렸다는 듯이 거센 포격을 하며 초지진을 초토화시켰다.

곧이어 운요호는 영종도로 향했다. 영종도에 상륙한 일본군은 마구잡이로 민가에 들어가 약탈을 자행하며 불을 질렀다.

한편, 조선 정부는 일본군에 비해 확연하게 뒤떨어지는 조선군을 보고 큰 충격을 받았다. 대원군이 하야하면서, 외세의 침략 앞에 백성을 결집하고 적과 맞서 싸울 만한 조선의 리더는 더 이상 없었다. 고종과 민비는 병인양요 당시 "피난을 떠나면 죽인다. 모두 나를 따르라."라고 말한 대원군의 발뒤꿈치만도 따라가지 못했다. 게다가 박규수를 비롯한 초기 통상개화론자들이 일본과의 개항에 적극적으로 나서고 있으니, 고종과 민비는 대원군의 쇄국을 애써 고집할 필요가 없었다.

일본이 운요호 사건을 빌미로 조선에 협상 체결을 강요하자 결국 조선은 일본과 강화도조약(조일수호조규)을 체결했다(1876).

강화도조약은 우리가 처음으로 외국과 체결한 근대적 조약임과 동시에 불평등 조약이었다.

다음은 강화도조약 12개조 중 제1관의 내용이다.

"제1관, 조선은 자주국이다."

이는 조선이 청의 속방이 아님을 강조하여 청의 간섭을 배제하려는 일본의 속셈이었을 뿐이다.

"제7관, 조선은 일본의 해안 측량을 허용한다."
"제10관, 개항장에서 일어난 양국인 사이의 범죄 사건은 자국의 법으로 처리한다."

강화도조약의 대표적인 불평등 조항은 제7관의 해안측량권과 제10관의 치외법권이다.

한반도의 서해안과 남해안은 해안선이 복잡한 리아스식 해안이다.

강화도 연무당에서 강화도조약을 체결하는 모습

밀물과 썰물 때 조수 간만의 차가 크고 바다 곳곳에는 암초가 도사리고 있다. 이러한 조선 바다의 해안 측량을 허용한다는 것은 일종의 군사 주권을 포기한 행위이자 조선 침략의 사전 준비 작업을 허용하는 것이나 다름없었다.

치외법권은 외국인이 체류하고 있는 국가의 국내법에서 제외되는 권리를 말한다. 즉 조선에서 범죄를 저지른 일본인은 일본의 법을 적용받고 그에 대한 재판권도 일본영사에 있었다. 이를 영사재판권이라고도 한다.

물론, 지금의 대한민국에서도 치외법권을 적용받는 이들이 있다. 주한미군이다. 주한미군 마크 워커는 미선이와 효순이를 장갑차로 치어 죽이고도 무죄 판결을 받았다. 이태원에서 미군일 것 같은 외국인과 눈을 마주친다면 괜히 눈싸움하지 말고 당장 피하라. 그들은 이 땅에서 법을 초월한 존재들이다.

강화도조약의 부속 조약 조일통상장정(1876, 조일무역규칙) 역시 불평등 조약이었다.

이 시기의 관료들은 관세에 대해 무지했다. 조일통상장정의 무관세 조항은 조선의 수공업을 박살을 냈다. 일본의 선진 공산품이 관세 없이 조선으로 들어오자, 조선의 비루한 상품은 경쟁이 되지 못했다.

오늘날 독일 자동차 벤츠와 BMW가 우리나라에 무관세로 수입된다면, 국내 자동차 판매에 있어 현대자동차의 경쟁력은 약해질 것이다.

강화도조약 이후 조선은 여러 열강과 수교를 맺었다.

미국과 맺은 조미수호통상조약(1882)은 『조선책략』이라는 책이 상당한 영향을 끼쳤다. 1880년 2차 수신사로 일본에 건너간 김홍집은 청나라 외교관 황쭌셴黃遵憲이 쓴 『조선책략』을 가지고 들어왔다. 이 책은 국제 사회에서 조선이 취해야 할 외교 방략을 다룬 것이었다. 그 내용을 고종이 읽었고, 대신들이 읽었고, 백성 또한 읽었다.

"오늘날 조선의 책략은 러시아를 막는 일보다 더 급한 것이 없다. 러시아를 막는 책략은 친중국·결일본·연미국하는 것이다."

조선은 전통적으로 중국과 종속 관계였고, 일본과는 강화도조약을

체결한 지 얼마 되지 않은 시기
였다. 그런데 뜬금없는 미국이
라니.

『조선책략』

황쭌셴은 사실 러시아가 두
려웠다. 청나라로부터 연해주
를 빼앗고, 겨울에 얼지 않는
부동항을 찾는다는 핑계로 조
선을 향해 마수를 뻗친 러시아
를 견제하기 위해 그는 '연미
국'을 말했다. 그러나 황쭌셴이
『조선책략』을 쓴 또 다른 이유
는 일본 견제의 목적도 있었다.

앞서 미국은 일본의 강화도조약 체결을 도와주는 대신 조선을 소개
받기로 약속했다. 그러나 일본은 조선과 수교를 맺은 후에도 미국과의
약속을 지키지 않았다. 미국은 조선과의 수교에 있어 일본의 중재를
요구하며 계속해서 일본을 압박했다. 옆에서 이를 지켜본 황쭌셴은 답
답했다. 그는 자신의 조국 청나라가 조선의 종주국임을 미국에 알리고
자 『조선책략』을 쓰기 시작했다.

조선책략의 파급 효과는 상당했다.

조선은 미국과의 수교를 논의하기 시작했다. 하지만 조선의 보수 유
생들이 반대하며 나섰다.

"러시아를 막고자 미국을 불러들인다고 하지만, 훗날 러시아가 이를 알고 책임을 물면 어떻게 하시겠다는 말입니까?"

이만손을 필두로 경상도 유생 만 명이 미국과의 수교를 반대하는 상소를 올리니(1881), 이를 영남만인소라고 한다. 유생들의 반발에도 조선은 미국과 조미수호통상조약을 체결했다(1882). 조선이 서양과 맺은 최초의 수교였지만, 역시 불평등 조약이었다.

조미수호통상조약의 불평등 조항은 치외법권과 최혜국 대우였다. 최혜국 대우란 해당 국가와 맺은 조약에 없는 혜택이 다른 나라와 맺은 조약에 포함될 경우, 그 혜택은 해당 국가에 무조건 인정된다는 내용으로 외교 관례상 가장 불평등한 조항이다.

미국이 조선과 수교를 체결하면서 최혜국 대우를 얻어가자, 일본은 강화도조약 체결 당시 최혜국 대우 조항을 놓친 것을 자책했다. 대신, 일본은 조일통상장정에서 규정된 무관세 조항으로 조선이 곤란해하는 것을 눈치챘다. 일본은 조선에 관세 설정이라는 카드를 내밀며 최혜국 대우 조항을 제시했고, 조선의 멍청한 관료들은 일본의 미끼를 덥석 물었다. 결국, 조선은 앞서 맺은 조일통상장정을 개정하면서 일본에도 최혜국 대우 조항을 내어 주게 된다(1883).

이로써 일본 상인들은 내륙 무역이 허락되어 조선에서 자유롭게 활동하던 청의 상인들처럼 조선으로 진출이 가능했다. 이래저래 일본의 손바닥에서 놀아난 조선이었다.

조선은 청나라의 중재 하에 영국(1883)과 독일(1883)과도 수교를 맺었다. 그러나 조선과 러시아의 수교만큼은 청나라가 반대하자 러시아는 직접 조선과의 수교에 나섰다(1884, 조러수호통상조약).

한편, 병인양요로 인해 조선에 불편한 감정을 앞세우던 프랑스는 조선으로부터 천주교 포교권을 확보한 이후 조선과 수교를 맺었다(1886, 조프수호통상조약).

이때부터 조선인들은 천주교에 대한 신앙의 자유를 누릴 수 있게 됐다. 프랑스 선교사들은 조선의 백성을 상대로 선교 활동을 이어 나갔고, 천주교의 영향을 받아 나라 전역에 평등사상이 확산됐다. ●

이순신이 바꾼
일본 역사

이순신이 나라와 백성을 구한 것은 두말하면 잔소리다. 이순신이 없었다면 조선은 일본에 멸망당했을 것이며, 우리는 일제강점기보다 300년 일찍 식민지배를 경험했을 것이다.

그렇게 조선은 치욕의 역사로 기억됐을 것이다.

이순신은 조선을 살렸지만, 조선의 미래까지 바꾸지는 못했다. 못난 위정자들은 임진왜란의 참상을 경험하고도 자기반성을 하기는커녕, 전쟁을 도와준 명나라를 더욱 숭상했다. 조선은 결국 '재조지은再造之恩(명나라가 나라를 되살렸다는 뜻)'의 감사함을 잊지 않으려는 명분론에 치우치다가 정묘호란(1627)과 병자호란(1636)을 당했다.

두 번의 침략을 겪고서도 여전히 정신 차리지 못한 조선의 사대부들은 전란으로 낮아진 자신들의 기득권을 공고히 하고자 성리학적 지배질서를 더욱 절대시했다. 그렇게 조선은 세계사적 흐름에 뒤처진 나라가 됐다.

죽은 이순신이 어찌할 수 없는 일이었다.

이순신은 일본 역사에도 영향을 끼쳤다.

도요토미 히데요시가 죽고 임진왜란이 끝났다. 이후 일본의 패권을 놓고 도요토미의 아들 도요토미 히데요리를 받들던 고니시 유키나가·이시다 미쓰나리·시마즈 요시히로 등의 서군과 도쿠가와 이에야스를 지지한 동군 사이에 세키가하라전투가 벌어졌다(1600). 이 전투에서 도쿠가와의 동군이 승리하면서 에도막부가 들어섰다.

세키가하라전투에서 서군이 패한 여러 이유 중 하나는 고니시와 시마즈군의 세력이 약화되었기 때문이다. 그들의 세력이 약화된 것은 노량해전에서 비롯된 것으로, 결과적으로 이순신 때문이었다.

임진왜란의 마지막 전투 노량해전은 순천왜성에 갇힌 고니시를 구하기 위해 노량해협으로 들어온 시마즈 등 일본의 연합함대와 이순신과 진린의 조명연합군이 뒤엉켜 싸운 가장 치열한 해전이었다. 그러나 순천왜성의 고니시는 자신을 구하러 온 일본의 연합함대를 뒤로한 채 자신의 부대를 이끌고 몰래 도망쳤다. 자신을 구하러 온 아군을 배신하는 행위였다. 고니시는 훗날 일본에서 상당한 비판을 받게 된다. 고니시의 휘하 장수들조차 그에게 실망했을 정도로 고니시를 따르는 세력의 이탈이 상당했다.

노량해전에서 이순신에게 된통 당한 시마즈는 간신히 살아남았지만 피해가 막심했다. 그러다 보니 당시 가장 용맹하다는 시마즈군의 병력은 세키가하라전투에서 겨우 2,000명만 가담했을 정도로 서군에서의 역할이 미미했다. 이순신과 노량에서 격돌하며 엄청난 병력 손실을 당했으니 도리가 없었다.

  고니시와 시마즈의 세력 약화는 다른 서군 다이묘들의 배신으로 이어졌고, 이는 서군이 세키가하라전투에서 패배하는 가장 큰 원인이 됐다.

  결과적으로 고니시를 비겁자로 만들고 시마즈의 세력을 약화시킨 이순신 때문에 세키가하라전투에서 서군이 동군에 패한 것이다. 이후 도쿠가와 이에야스의 에도막부가 들어선 셈이니 일본 역사에 이순신의 그림자가 크게 드리우고 있다는 것은 분명한 사실이다.

  이후 에도막부는 자신들이 임진왜란 당시 반침략 세력이었음을 주장하며 조선과 통상을 원했다. 조선은 일본의 에도막부가 요청할 때 통신사를 파견했다. 광해군은 기유약조를 체결하여(1609) 부산포에 왜관을 설치하며 일본과의 통교를 허락했다. 이렇게 조선과 일본은 서로 간 전쟁의 상흔을 씻고 있었다.

  한편, 일본의 최대 번영기를 구가한 에도막부에 불만을 가진 다이묘 세력이 있었다. 세키가하라전투에서 멸족을 간신히 면했던 시마즈 가문의 사쓰마번(현재 가고시마현)과 모리 가문의 조슈번(현재 야마구치현)이었다. 끝내 사쓰마번과 조슈번은 손을 잡고 삿초동맹(1866)을 체결하며 에도막부를 타도하면서 메이지유신(1868)을 이끌었다. 이후 그들이 정한론(한반도 정벌과 대륙 진출)의 선두 주자가 되어 강화도조약(1876)을 체결하고 다시 한번 조선 침략의 중심 세력이 되었으니, 역사가 참 아이러니하다고 할 수 있겠다.

요시다 쇼인·가쓰라 다로·데라우치 마사타케

　　과거 조슈번이었던 지금의 야마구치현은 오늘날까지 일본 내에서 가장 극우적인 성향을 띠고 있다.

　　19세기, 조슈번에서 일본 우익의 사상적 지주라 할 수 있는 요시다 쇼인이라는 인물이 등장했다. 요시다 쇼인은 제자들에게 이런 강의를 했다.

　　"한반도를 점령하고 만주와 대만과 필리핀까지 일본이 영유해야 한다."

　　그의 제자가 바로 이토 히로부미다. 메이지유신 이후 일본의 초대 총리를 맡았고, 조선에 들어와 을사늑약을 체결하여 우리의 외교권을 빼앗았다가 하얼빈에서 안중근에게 사살된 인물이다.

　　가쓰라 다로 역시 조슈번 출신이다. 훗날 일본의 총리가 되어 을사

오시마 요시마사·기시 노부스케·아베 신조

늑약의 배경이 되는 가쓰라·태프트밀약(1905)을 체결한 인물이었다. 그리고 을미사변 당시 일본공사 미우라 고로와 훗날 조선의 초대 총독이 되는 데라우치까지 모두 조슈번 출신이다.

한 사람만 더 언급하자면 동학을 진압한다는 핑계로 일본군이 경복궁을 점령했을 당시의 일본군 사령관이 오시마 요시마사다. 오시마 요시마사라는 이 낯선 이름은 사실 우리가 잘 알고 있는, 얼마 전까지 일본의 총리였던 아베 신조의 외고조부다. 그리고 전범임에도 사형을 면하고 일본의 총리까지 역임했던 기시 노부스케도 조슈번 출신이자 아베 신조의 외조부다. 당연히 아베 신조 역시 조슈번 출신이고, 그가 가장 존경하는 인물이 정한론의 창시자 요시다 쇼인이었으니 최근 일본의 정치 권력을 잡은 주류들의 사상을 충분히 짐작할 수 있다.

메이지유신 이후 조슈번이 일본 육군을 장악했다면, 시마즈의 후예인 사쓰마번은 일본 해군을 대표한다. 사쓰마번의 대표적인 인물인 사

영화 〈라스트 사무라이〉의 사이고 다카모리와 도고 헤이하치로

이고 다카모리는 유명한 정한론자였다. 영화 '라스트 사무라이'에서 톰 크루즈와 함께 등장한 사무라이가 바로 사이고 다카모리다. 러일전쟁의 영웅 도고 헤이하치로 역시 사쓰마번 출신이다.

도요토미 히데요시 사후 본국으로 돌아가려는 일본군을 기어이 막아선 이순신.

우리 강토를 짓밟은 외적에게 공포감을 심어 주고, 침략자의 후손들이 우리의 후손을 업신여기지 못하도록 만들기 위해 노량해전을 설계했던 이순신.

이순신은 비록 노량에서 전사하지만, 그는 일본 에도막부 탄생에 커다란 영향을 끼쳤다. 이후 에도막부와 조선은 250년의 평화를 유지했으니, 이순신의 노력은 결코 헛된 일이 아니었다.

그러나 이순신에게 짓밟히고 에도막부에 눌려 있던 자들이 에도막부를 몰아내고, 메이지유신을 단행하면서 정한론이 다시 대두됐다. 그리고 그들에 의해 한반도가 다시 침략당했다.

역사는 돌고 돈다지만 역사의 순환을 예상한 이순신의 구국과 후손을 사랑하는 마음에 진심으로 뭉클함을 느낀다. ●

9

구식 군인들의 멋스러움

임오군란 (1882년)

9

민씨척족정권은 쇄국을 고수한 대원군과 달리 개항을 받아들이며 강화도조약을 체결했다(1876). 이 개항이 옳았는지 글렀는지 논쟁의 여지가 있겠지만, 우리가 처음으로 문호를 개방한 나라가 하필 일본이라는 것은 자존심이 상하는 일이다.

대원군으로서는 고종과 민비가 한심해 보였을 수도 있다. 자신은 프랑스와 미국이라는 서구 제국주의 강대국의 침략에서도 나라를 지켜내며 버텼는데, 아들과 며느리는 겨우 동양의 섬나라 일본 따위에 굴복했다고 생각했을 테니 말이다.

민씨정권은 대원군이 어렵게 쌓은 재정을 1년 만에 탕진했다. 고종은 날마다 연회를 주최하는 데 정신이 팔렸고, 또다시 여흥 민씨 집안의 여인과 결혼하는 세자의 결혼식은 사치스럽기 그지없었다. 민비는 자신의 외국인 지인들에게 나랏돈을 선심이라도 쓰듯 선물로 건넸다.

민씨의 척족들은 요직에 앉아 자신들의 배만 불렸고, 세도정치기와 같은 매관매직이 다시 성행하면서 지방의 탐관오리 또한 백성들의 고

요즘 역사

혈을 빨았다. 어느새 일반 백성들은 경복궁 재건에 불만을 품었던 것도 잊은 채 대원군을 그리워했다.

민씨정권은 경제적으로 나라 재정을 파탄에 이르게 했지만, 정치적으로는 온건개화파와 손을 잡고 개화정책을 주도해 나갔다.

먼저, 개화정책을 추진하기 위한 총괄기구로 통리기무아문을 설치하고(1880), 그 아래 인사와 군사 등을 담당하는 관청 12사를 두었다. 또한, 조선 후기 중앙군이었던 5군영을 개편하여 2영(무위영·장어영)으로 축소하고, 신식 군대 별기군을 창설하여 일본인 교관에게 훈련을 맡겼다.

선진국으로 외교 사절단도 파견했다. 일본에는 세 차례의 수신사와(1876, 1차 수신사 김기수. 1880, 2차 수신사 김홍집. 1882, 3차 수신사 박영효) 조사시찰단이 파견됐고(1881, 박정양), 김윤식을 비롯한 영선사 일행은 무기 제조법을 배우기 위해 청나라로 건너갔다(1881). 또한, 민영익·유길준·홍영식 등으로 꾸려진 보빙사절단이 미국에 파견되기도 했다(1883).

민씨정권에서 개화정책이 추진되는 가운데 불만의 목소리가 나왔다. 목소리의 주인공은 조선의 구식 군인들이었다. 이들은 개화정책으로 신설된 신식 군대 별기군과의 차별 대우에 화가 나 있었다. 국가가 아무리 부패했을지라도 자국 군인의 군량미를 가지고 장난치지는 않는다. 예를 들자면, 고려 시대 몽골의 침략으로 강화도로 천도한 최

신식 군대 별기군

씨무신정권도 그들의 무력 기반인 삼별초를 극진히 대접했다. 북한의 김정일정권도 고난의 행군 당시 식량이 생기면 군인부터 먹였다.

1880년대 민씨정권의 구식 군인 홀대는 한국전쟁 당시 이승만정권의 부패를 상징하는 국민방위군 사건(1951)과 더불어 우리 역사상 최악의 군납 비리 사건이라고 할 수 있다.

당시 나라 재정을 총괄하는 선혜청 당상관은 병조판서 민겸호였다. 민겸호는 민비의 양오빠 민승호의 친동생이었으니, 민겸호 또한 민비의 오빠나 다름없었다. 민겸호는 구식 군인의 월급을 무려 13개월이나 지급하지 않았다.

배고픔을 견디지 못한 군인들은 강력하게 항의했다. 그러나 민겸호는 그들의 말을 들어주기는커녕 항의를 주도한 자를 찾아낸 뒤 구

요즘 역사

금을 시키고, 나머지 군인들에게는 한 달 치의 급료만을 쌀로 지급했다. 13개월 만에 한 달 치 월급으로 받은 눈물겨운 쌀에는 모래와 겨가 섞여 있었다. 먹을 것을 가지고 친 장난질에 구식 군인들은 눈이 뒤집혔다. 군인들은 선혜청으로 달려가 그곳의 관리들을 구타하기 시작했다. 하지만 이 사건이 구식 군인들 전체의 봉기로 이어지지는 않았다.

그러나 이 사건 이후 고종의 후속 조치가 좀 이상했다. 선혜청 책임자인 민겸호를 구식 군인들의 선혜청 관리 구타 사건의 조사관으로 임명한 것이다. 이는 갈등을 유발한 자에게 갈등으로 일어난 소요를 직접 책임지라는 것이나 다름없었다. 이러한 상황들을 보자면, 당시 고종은 정무 감각이 없었거나, 여흥 민씨 일파에게 놀아나고 있었거나 둘 중 하나가 확실하다.

민겸호는 선혜청 관리를 구타한 군인들에 대해 체포령을 내렸다. 이러한 민겸호의 잘못된 명령은 구식 군인들의 분노라는 화약고에 불을 붙였다. 마침내 구식 군인들은 봉기했다(1882, 임오군란).

중앙군은 국왕의 친위 부대로서 수도 방위를 기본 업무로 하며, 지방 세력이 반란을 일으킬 경우 그 반란군을 토벌하고 왕실을 지켜야 한다. 임오군란 때 구식 군인들은 조선의 중앙군이었다. 이제 수도 한양에서 고종을 지켜줄 군인들은 존재하지 않았다.

구식 군인들은 먼저 선혜청 당상관 민겸호의 집으로 쳐들어갔다. 민겸호의 하인들은 지붕 위로 올라가 기왓장을 던지며 저항에 나섰지만, 민간인이 군인을 이길 수는 없기에 모두 죽임을 당했다. 구식 군인들은 민겸호의 집안을 뒤졌다. 민겸호가 뇌물청탁으로 받은 평생에 한 번 보기도 힘든 진귀한 물건들 앞에서 구식 군인들은 허탈함을 느꼈다. 구식 군인들은 부정부패의 상징물인 민겸호의 재물을 앞마당에 모았다. 그리고 이를 불태웠다.

수많은 비단과 주옥을 비롯한 각종 패물이 인삼, 녹용, 사향노루 등과 불에 탔다. 한두 개만 바지춤에 넣어도 지금껏 받지 못한 13개월의 월급을 넘어 평생 부를 보장할 물건들이 불에 타고 있었지만, 구식 군인들은 민겸호의 더러운 물건에 손을 대지 않았다.

귀한 재물을 태우는 불꽃은 오색을 띠었고, 사향 타는 냄새가 진동했다. 구식 군인들의 증오도 활활 탔다.

민겸호의 집을 박살을 낸 군인들은 운현궁으로 가서 대원군을 만났다.

대원군이 구식 군인들에게 시위 중단을 명했는지 아니면 민비를 잡아 죽이라는 명령을 내렸는지는 알 수 없지만 운현궁을 나온 구식 군인들은 고종이 있는 창덕궁으로 향했다.

구식 군인들이 대원군과 함께 궁궐로 향한다는 소식이 전해지자, 만 명에 가까운 한양 백성들이 대거 합류했다.

성난 군인들과 백성들의 구호는 이러했다.

"민비를 잡아 죽이자!"

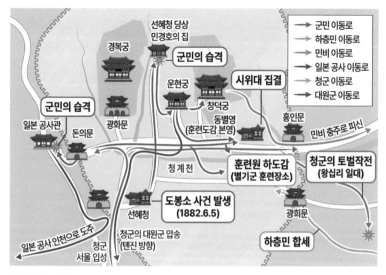

임오군란 전개도

　궁궐을 지키는 이는 아무도 없었다. 궁궐을 지켜야 하는 이가 들고 일어났으니 당연한 일이다. 400여 명 남짓에 불과한 신식 군대인 별기군은 이들을 감당할 수 없었다. 별기군의 일본인 교관은 구식 군인들에게 잡혀 죽었고, 일본공사관은 성난 빈민들에 의해 불에 탔다.

　군인과 백성이 뭉쳐 궁궐을 점령한 사례는 조선 역사상 처음 있는 일이었다.

　궁궐 안으로 쳐들어간 군인들과 백성들은 흥선대원군의 친형인 이최응을 발견했다. 이최응은 대원군이 하야한 후 민씨정권에서 영의정을 지낸 인물이었다. 군인들과 백성들에게 잡힌 그는 항문에 창이 꽂혀 입으로 관통당한 채 죽었다.

이최응의 죽음을 놓고 또 다른 설이 있다. 그가 살아남기 위해 늙은 몸을 이끌고 담장을 넘다가 땅으로 떨어졌는데, 그만 고환이 터져 죽었다는 것이다. 이후 수백 명이 그에게 달려들었고, 그의 시신은 누구의 시신인지 알아볼 수 없을 지경으로 짓이겨진 모습이었다고 한다.

구식 군인들은 끝내 민겸호를 마주했다. 군인들은 대원군 앞에서 떨고 있는 민겸호를 계단 아래로 끌고 내려왔다. 그는 대원군을 바라보며 살려 달라고 외쳤지만, 대원군은 쓴웃음을 지을 뿐이었다.

군인들은 대원군 앞에서 민겸호를 발로 밟았고, 얼마 지나지 않아 그의 창자가 터졌다. 민겸호의 시신은 개천에 버려져 며칠 동안 방치됐는데, 살이 물에 불어 물고기처럼 하얗고 흐느적거렸다고 한다.

구식 군인들은 민겸호를 죽인 후 민비를 찾아 나섰다. 놀란 민비는 궁녀복으로 옷을 갈아입고 자신의 호위대장 홍계훈이 준비한 가마에 올라탔다. 그러나 민비가 탄 가마는 곧 군인들에게 둘러싸였다.

"가마에 타고 있는 여인은 내 누이다."

홍계훈이 군인들을 향해 말했지만, 그들은 상관의 말을 무시했다. 군인들이 가마 안의 여인을 끄집어내려는 순간, 대원군의 부인 여흥부대부인 민씨가 나타나 소리쳤다.

"홍 사령관의 누이이니, 못된 짓을 그만들 두어라."

군인들은 그제야 길을 텄다. 군인들과 백성들은 그만큼 대원군의 권위를 존중하고 인정했다. 결과적으로 대원군이 죽이고자 한 민비를 도리어 대원군의 부인이 살려준 셈이다. 같은 여흥 민씨 집안의 동정심이었을까?

홍계훈은 민비를 태운 가마와 함께 궁을 나섰다. 그러나 궁궐 밖은 더 위험했다. 민심은 민비에 등을 돌린 지 오래였다. 아무래도 가마는 위험하다 싶었는지 홍계훈은 민비를 등에 업고 한강까지 달렸다. 그러나 혹여나 있을 민비의 탈출을 막기 위해 대원군이 한강의 나룻배 운행을 모두 막아 놓은 상태였다. 결국 민비 일행은 사공 한 명을 꼬드겨 각종 패물을 쥐어 주고 나서야 간신히 나룻배를 탈 수 있었다.

무사히 한강을 건넌 그들은 배가 고파 국밥집에 들어갔다. 국밥집 주인 할머니가 옷을 곱게 입은 민비를 보고 이렇게 말했다.

"새 신부가 시집을 가려나 본데, 못된 왕비년 때문에 이 난리가 났으니 어쩌나."

민비 일행은 국밥집 주인에게 일언반구 대꾸도 없이 조용히 국밥만 먹었다. 미리 말하지만, 임오군란이 진압된 뒤 한양으로 돌아온 민비는 국밥집 주인을 찾았다. 마을 사람들은 국밥집 주인 할머니를 숨겼고, 화가 난 민비는 마을 주민을 모두 학살했다.

이후 민비는 충청도 장호원(지금의 경기도 이천)까지 발길을 옮겨 충주군수 민응식의 집에 몸을 숨겼다.

민비가 도망치자, 군인들은 화풀이할 대상을 더 이상 찾지 않았다. 결국 구식 군인들은 자진해산을 하며 대원군에게 국정 운영권을 넘겼다.

임오군란은 구식 군인이 궁궐을 장악하고 부정축재자를 죽인 다음 그들의 배후 왕비까지 쫓아낸, 일종의 성공한 정변이었다. 그러나 정변에 성공한 군인들은 결코 자리나 재물을 향한 욕심을 보이지 않았다. 그저 군인으로서 정당한 대접만 받으면 그만이었고, 국가를 정상화하는 것이 먼저였다. 그렇게 군인들은 제자리로 돌아가며 조선은 안정을 되찾는 듯했다.

임오군란의 결과, 흥선대원군이 재집권하게 됐다. 대원군은 민씨정권이 추진하던 개화정책을 모두 중단시켰다. 개화를 담당하는 총괄기구 통리기무아문을 폐지하고, 축소한 2군영을 다시 5군영으로 부활시켜 구식 군인들의 불편한 마음을 달랬다.

한편, 민비의 옷가지를 모아 시신 없는 장례를 치르며 국상을 선포했다. 이는 민비를 죽은 사람으로 간주하겠다는 것으로 만약 민비의 생존 사실이 드러난다면 찾아내어 죽이겠다는, 민비를 향한 대원군의 암묵적인 경고였다. 그러나 민비라고 해서 언제까지 두려움에 떨며 충청도에 숨어 있을 수만은 없었다. 민비는 축지법의 대가 이용익에게 편지를 건네주며 고종에게 자신이 살아 있음을 알렸다.

"청나라 군대를 불러들여 대원군을 제압해야 합니다."

아버지보다는 마누라가 좋았나 보다.

민비의 편지를 받은 고종은 청나라 군대를 불러들일 생각을 했다. 무기 제조법을 배우기 위해 청나라로 건너갔던 영선사의 수장 김윤식이 다시 청나라로 건너가 조선 출병을 요청했다. 곧이어 청나라의 위안스카이袁世凱가 3,000명의 병력을 이끌고 조선에 도착한 뒤 대원군을 납치해 청나라로 압송했다.

민비는 대원군 없는 도성에 개선장군처럼 복귀했다. 도성으로 돌아오는 민비 곁에는 무당 한 명이 함께했다. 자칭 관우의 딸이라는 무당은 숨어 지내던 민비에게 이렇게 말했다.

"중전마마께서는 50일 이내에 다시 궁궐로 돌아가게 될 것입니다."

50일 안에 궁궐로 돌아온 민비는 무당에게 '진실로 영험하다'는 뜻으로 진령군이라 이름을 붙였다. 이후 유교 국가 조선의 궁궐에서 굿판이 계속 벌어졌다.

민비는 청나라의 도움을 받아 궁궐로 돌아왔지만, 조선은 이미 고종과 민비의 나라가 아니었다. 재정은 청에서 온 마젠창이 장악하고 있었고, 외교는 독일인 묄렌도르프Paul Georg von Möllendorff가 맡았다. 그리고 조선의 실질적 지배자는 조선의 군사고문이 된 위안스카이였다. 그는 3,000명에 달하는 청군 병력을 용산에 주둔시킨 채 무소불위

위안스카이와 묄렌도르프

의 권력을 누렸다. 위안스카이가 고종의 궁녀를 희롱해도 고종과 민비는 위안스카이의 눈치만 볼 뿐이었다.

또한, 청나라는 조선과 조청상민수륙무역장정을 체결하여(1882) 청나라 상인이 조선 내륙으로 진출하는 것을 가능하게 만들었다. 조청상민수륙무역장정에는 기가 막힌 문장이 수록되어 있다.

"조선은 청의 속방이다."

조선이 청의 속방임을 명문화한 것이다.

숭명배청崇明拜淸을 내세웠고, 병자호란(1636) 이후에도 북벌을 부르짖으며 청나라에 대한 우월의식을 놓지 않은 조선이었다. 그러나 그

요즘 역사

토록 무시했던 오랑캐 청나라를 이제 조선 스스로 종주국으로 인정하며, 심지어 일본과 서양 세력에 겁을 먹은 조선의 관료들이 먼저 요구한 문장이었다. 청나라 관료들은 이러한 조선 관료들의 사대성을 보며 혀를 찼다.

명에 사대하고, 청에 의지하고, 일본에 굴복하고, 다시 미국에 사대하는 이 망할 놈의 사대 DNA는 죽지도 않고 지금껏 이어져 내려온다.

한편, 조선은 청과의 조약에 이어 일본과도 조약을 체결한다. 일본과 제물포조약이 체결되면서(1882) 조선 정부는 임오군란 당시 파괴된 일본공사관에 대한 50만 원의 배상금을 내야 했고, 일본공사관에는 일본 경비병이 주둔하기 시작했다. 임오군란의 결과 조선의 수도 한복판에 청나라와 일본, 두 나라의 군대가 주둔하게 된 것이다.

힘없는 나라에 외국 군대가 주둔하고 있는 한, 그 나라는 평화로울 수 없다. 결국 2년 후, 서울에서 청군과 일본군이 전쟁 직전의 상황까지 치닫게 되는데…… ●

명성황후를 민비라 부르면 안 되는가?

어떤 호칭으로 부르든지 상관없다.

"민비라는 호칭은 일본에서 우리 왕비를 낮춰 부르는 표현이지 않은가?"

모르는 소리다.

왕의 부인은 왕비王妃라고 부른다.

왕과 대비(선왕의 왕비)는 왕비를 향해 '중전'이라 불렀다. 조정 대신들도 '중전마마'라는 방식으로 왕비를 표현했다.

한편, 왕비는 본래의 성姓에 왕비라는 표현 '비妃' 자가 합쳐진 호칭으로 불리기도 했다.

'민비閔妃'는 민자영의 성씨 '민閔'과 왕비를 뜻하는 '비妃'를 통합한 표현이다. 우리가 당시 고종의 아내이자 왕비였던 그녀를 '민비'라고 부르는 것이 결코 잘못되었다고 할 수 없다. 조선의 왕비를 깎아내리

거나 비하하는 호칭이 아니라는
말이다.

순조의 아들로 태어나 영특함
을 보였으나 비운에 간 효명세
자, 그의 부인이었던 효명세자
빈은 풍양 조씨 조만영의 딸이
었다. 남편이 일찍 죽어 왕이 되
지 못한 탓에 자신은 중전이 되
지 못했지만, 훗날 제 아들이 왕
(헌종)이 되면서 대비가 됐다. 이
후 그녀에게 내려진 신정왕후라
는 시호가 있지만, 우리에게는

운현궁에 있는 명성황후 표준 어진

조대비라는 호칭이 더 익숙하다. 조대비라는 호칭이 잘못되었는가?

조선의 왕비 원경왕후(태종비), 소헌왕후(세종비), 문정왕후(중종비)
등은 모두 사후에 추존된 시호다. 예를 들어, 파평 윤씨였던 문정왕후
는 문헌상에서는 윤비라 칭하고, 심지어는 윤씨라고까지 기록됐다.

명성황후 역시 시호이다.

민비가 시해당한 을미사변(1895)으로부터 2년 후, 대한제국이 수립
되면서(1897) 민비는 황제국에 걸맞은 황후라는 시호를 받았다. 이전
의 왕비들은 모두 '왕후'라고 불렸던 반면에, 민비는 최초로 '황후'라
는 시호를 받은 것이다. 이는 민비가 뛰어나거나 특별해서가 아닌, 대

한제국이 수립되면서 남편 고종이 황제로 즉위했기 때문에 가능한 일이었다.

개인적으로 민비를 언급할 때, 왕비보다 더 격이 높은 황후라는 호칭을 사용하고 싶지 않다. 우리 역사의 가장 중요한 순간에 백성을 외면하고 나라를 나락으로 빠트린 데 일조한 여인에게 황후라는 시호를 붙이는 것 자체가 불쾌하다.

그래도 민비를 꼭 명성황후라고 불러야 한다고 주장하는 사람들에게 묻고 싶다. 당신들은 고종을 광무황제 혹은 광무제라 부르는가?

살아 생전 대한제국을 수립하고 직접 황제 즉위식까지 거행한 고종을 황제라고 부르지도 않으면서, 생전 한 번도 황제의 부인이 된 적 없고, 남편 덕분에 죽고 나서야 황후라는 시호를 받은 여인을 기어이 황후라고 불러야 한다는 것은 억지스러운 논리일 뿐이다.

남편은 왕인데, 그 부인은 황후여야 하는가.

그래도 명성황후라 부르고 싶다면, 고종부터 광무제라 부르라. ●

10

조선의 다이아몬드 수저들, 개혁을 꿈꾸다

갑신정변 (1884년)

10

박은식은 『한국통사』에서 갑신정변(1884)에 대해 이렇게 말했다.

"조선의 젊은 수재들이 일본에 속아 놀아났다."

19세기 조선에서 초기 개화사상의 대표 주자는 박규수였다. 북학파 실학자 박지원의 손자인 박규수는 개항의 필요성을 인지하고, 통상개화론通商開化論을 주장하며 강화도조약을 밀어붙였다. 개화사상은 박규수를 중심으로 성리학적 신분 질서 아래 차별받은 중인 출신과 청나라를 자주 왕래하며 서양 문물을 접한 이들이 먼저 받아들였다.

박규수와 함께 초기 개화사상을 형성한 대표적인 인물은 중인 출신 통역관 오경석이었다. 오경석은 청나라로부터 세계지리서 『해국도지』와 『영환지략』을 가지고 들어왔다. 이 책들에 의하면 세계의 중심은 더 이상 중국이 아니었다. 오경석은 자신과 같은 중인 출신 한의사 유홍기에게 개화사상을 전했고, 유홍기의 개화사상은 당시 조선의 미래라고 촉망받던 엘리트 청년들에게 영향을 주었다.

임오군란(1882) 이후 청나라의 내정 간섭이 시작되자, 이에 불만을 품는 세력이 나타났다. 유홍기로부터 개화사상을 전수받은 젊은 소장파 관료들이었다. 이들은 조선이 청나라의 내정 간섭에서 벗어나지 못하고 있는 상황과 높은 관직을 독차지하며 친청親淸 노선을 취하는 민씨정권의 고위 관료들에게 불만을 표했다.

급진개화파
(좌측부터 박영효, 서광범, 서재필, 김옥균)

소장파 관료들은 스스로를 개화당 또는 독립당이라 칭하며 일본의 메이지유신(1868)을 본받아 급진적 개혁을 이루는 것만이 조선의 살길이라고 여겼다. 반면, 자신들과 달리 민씨정권 아래에서 온건적 개혁을 추구하는 친청 고위 관료들을 향해 수구당 또는 사대당이라고 부르며 차별을 꾀했다.

온건개화파는 청의 양무운동을 개화의 모델로 삼았다. 양무운동(1861)은 중체서용中體西用사상을 바탕으로 중국의 정신과 질서 및 제도는 유지하되, 서양의 기술만을 받아들여 나라의 자강을 이루고자 한 운동이었다. 민씨정권의 온건개화파 관료들은 이를 본받아 동도서기東道西器에 입각한 개혁을 추진 중이었다.

그러나 청나라의 양무운동을 사실상 실패한 것으로 본 급진개화파는 온건개화파가 양무운동을 조선의 개화 모델로 삼는 것이 불만이었다. 대신, 급진개화파는 일본의 문명개화론文明開化論(후쿠자와 유키치가 주도한 것으로 서양의 문명을 받아들이자는 이론)에 입각한 메이지유신을 따랐다. 일본이 메이지유신을 통해 수백 년 동안 지배층이었던 무사들의 기득권을 무너뜨리고 나라의 탈바꿈을 시작한 것처럼, 급진개화파는 조선의 모든 시스템을 바꾸는 전면적인 개혁을 주구했다.

조선의 변화를 꿈꿨던 젊은 급진개화파 관료들 역시 조선의 양반 기득권 세력이었다. 이들이 진정으로 조선을 개혁하기 위해서는, 먼저 자신의 기득권에 스스로 칼을 꽂아야만 했다.

급진개화파의 리더는 김옥균이었다. 그는 민비의 국정 농단이 가장 큰 불만이었다. 당시 민비가 새롭게 발행한 고가의 화폐 당오전은 인플레이션을 유발했고, 김옥균은 이를 비판하며 당오전 발행의 중단과 일본으로부터 개화에 필요한 차관도입을 주장했다.

김옥균은 고종의 승낙을 받아 차관도입을 목표로 직접 일본으로 건너갔다. 그러나 김옥균의 계획과 달리 차관도입에 실패하며 빈손으로 돌아와야 했다. 일본으로부터 개화에 필요한 자금을 빌려 오겠다며 당당하게 큰소리를 친 김옥균은 결국 나라 망신만 시킨 셈이었다.

김옥균이 정치적으로 코너에 몰리자, 일본공사 다케조에 신이치로가 그에게 접근했다.

갑신정변 전개도

　"옥균 상, 이왕 이렇게 된 거 쿠데타 합시다. 우리 일본공사관에 경비대가 주둔하고 있으니 혹시 정변을 꾀한다면 우리가 돕겠소."

　"아니, 공사께서는 위안스카이의 청군 병력이 용산에 주둔하고 있

는 것을 모르시오? 어찌 일본군 수백으로 3,000명의 청군을 감당하겠
단 말이오?"

"옥균 상이 아직 모르시는군요. 곧 청프전쟁이 일어나 조선에 주둔
중인 청군의 일부가 인도차이나반도(베트남·라오스·캄보디아)로 차출될
것입니다. 이 기회를 놓칠 것이오?"

"내 동지들과 의견을 나누어 보겠소."

김옥균은 박영효, 홍영식, 서광범, 서재필 등을 불러 모았다.

김옥균은 안동 김씨이자 과거 합격자였다. 당시 34세였다.

박영효는 철종의 사위였다. 당시 24세였다.

홍영식은 영의정 홍순목의 아들이었다. 당시 30세였다.

서광범은 이조참판 서상익의 아들이었다. 당시 26세였다.

서재필은 과거 문과 급제자였다. 당시 21세였다.

이처럼 조선의 대감 집에서 곱디곱게 자란 청년들이 어쩌다 조선의
급진적 개혁을 꿈꾸게 되었을까?

이들의 스승은 앞서 설명한 중인 출신 한의사 유홍기였다. 유홍기는
조선의 다이아몬드 수저들에게 개화사상을 전하며 그들을 급진적 진
보주의자로 만들었다. 유홍기는 한의사라는 직업 때문에 흰옷을 입었
는데, 훗날 제자들이 갑신정변으로 권력을 장악하고 그의 개화사상이
현실 정치에 반영되면서 백성들에게 '백의정승'이라는 별명을 얻었다.

이렇듯 신분적 겉치레를 뒤로 하고 중인 출신을 스승으로 받들며 한
약방에서 동문수학한 조선의 초특급 엘리트들은 김옥균을 중심으로

서울 종로의 우정총국

쿠데타를 논의했다.

"조선을 접수하자. 그렇게 되면 우리가 조선을 바꿀 수 있다."

1884년 10월 17일 저녁이었다.

조선 최초의 우체국이라 할 수 있는 우정총국의 개국 축하연이 열렸다. 급진개화파가 동원한 무사들이 술판이 열린 우정총국을 에워싸고, 일본 경비대가 만일의 사태를 대비하여 바깥에서 경계를 섰다. 우정총국 축하 파티에 참석한 이들은 바깥 상황을 전혀 눈치채지 못하고 거나하게 취해 있었다.

저녁 9시경, 우정총국에서 불길이 치솟으며 정변이 시작됐다. 우정총국 안팎에서 무자비한 칼부림이 일어나고, 그 과정에서 민비의 조카이자 민승호의 아들 민영익은 수없이 칼에 찔렸다. 그를 아들처럼 아꼈던 민비는 울부짖으며 소리쳤다.

"누가 내 조카 좀 살려다오!"

당시 민영익은 동양의 의술로 살려 내기 어려운 상태였다. 이때, 미국 선교사이자 의사인 알렌이 극적으로 민영익을 살렸다. 민비가 고마워하며 그에게 물었다.

"조카를 살렸으니, 소원을 들어주겠소. 말해 보시오."
"조선에서 서양식 병원을 운영하고 싶습니다."

그리하여 조선 최초의 근대식 병원 광혜원이 세워졌다(1885).

정변의 성공 여부는 왕을 손아귀에 넣을 수 있느냐에 달려 있다. 창덕궁은 소수의 병력으로 고종을 틀어쥐고 있기엔 너무 큰 궁궐이었다. 급진개화파 일당은 어떻게 해서든지 고종을 창덕궁에서 데리고 나와 자신들의 손아귀에 가두고자 했다.

김옥균과 박영효는 우정총국 거사가 있고 난 한밤중에 창덕궁으로 들어가 잠을 자고 있던 고종과 민비를 깨웠다.

"청·프전쟁 때문에 베트남으로 간다던 청나라 위안스카이의 군대가 창덕궁을 공격하고 있습니다. 저희와 함께 몸을 피하셔야 합니다."

고종과 민비도 바보가 아닌지라 한밤중에 자신을 따라 몸을 피하라는 그들의 말을 믿지 않았다. 그러나 바깥에서 김옥균 측이 미리 준비한 폭약이 터지는 소리가 들리자, 고종과 민비는 엉겁결에 따라나섰다. 김옥균 일행은 고종과 민비를 창덕궁에서 데리고 나와 경우궁이라는 작은 궁궐에 모신 다음, 고종의 명령인 척 아직 제거하지 못한 온건개화파 일당을 경우궁으로 불러들였다.

새벽녘 한 점의 의심도 없이 경우궁으로 향한 민영목·민태호·한규직 등 조선의 정승급 관료들은 아들뻘 되는 급진개화파의 칼날에 생을 마감했다.

정변은 성공했다.

김옥균은 호조참판이 되어 나라의 돈줄을 장악했고, 박영효는 중앙군의 핵심 좌포도대장이 되어 군권을 장악했다. 서광범 역시 군권과 외교권을 장악했다. 홍영식은 무려 우의정이 됐다. 서재필은 병조참판이 되었으니, 21살의 청년이 지금의 국방부 차관이 된 셈이다.

급진개화파는 새벽까지 이어진 마라톤 회의를 통해 14개조 정강을 발표했다.

"임오군란 때 청에 끌려간 흥선대원군을 곧 돌아오게 하자."

14개조 정강 중 제1조의 내용이 발표되자 여기저기서 불만의 소리가 터져 나왔다.

"쇄국정책을 펼친 늙은이 대원군을 청나라에 볼모로 계속 둘 것이지, 뭐 하러 데려온다는 말이오?"

그러자 정변의 리더 김옥균이 한마디 했다.

"나 안동 김씨요. 사적으로 대원군은 우리 집안의 원수요. 그러나 대원군은 이 나라 왕의 아버지이기도 하오. 국부가 다른 나라에 볼모로 끌려가서야 어찌 자주국이라 할 수 있겠소."

그의 말에 감히 아무도 토를 달지 못했다.

"문벌을 폐지하고 인민평등권을 확립할 것이오."

신분제를 철폐하자는 제2조의 내용이 발표되자 다시 한쪽에서 웅성거렸다. 갑신정변의 주역들은 대부분 양반이었다. 개혁은 누구나 주장할 수 있지만 자신의 이익과 기득권을 내려놓기는 쉽지 않다.

자신들을 스스로 개혁의 대상으로 삼아 제 목에 칼을 들이댄 것은 두말할 것 없이 멋진 행동이었다. 게다가 급진개화파는 젊은 자신들의 목숨을 걸고 정변을 성공시킨 만큼 이후 권력의 달콤함을 누릴 수도 있었다. 그러나 이들은 개인보다 국가를 먼저 생각했고, 자신들의 조국이 신분제가 없는 평등한 세상이 되기를 꿈꿨다. 신분제 폐지가 거론된 것은 청동기 시대부터 계급이 생겨난 이래 처음 있는 일이었다.

"중요한 정치적 사안은 의정부에서 결정한다."

제13조의 핵심 내용은 입헌군주제를 시행하겠다는 것이다. 입헌군주제에서 왕은 상징적 존재일 뿐, 국가는 헌법을 우선시하며 내각에서 중요한 정치적 사안을 결정하는 제도이다. 오늘날 영국과 일본이 입헌군주제를 정부 형태로 취하고 있다.

갑신정변은 우리 역사상 처음으로 입헌군주제 국가를 표방했다는 점에서 최초의 근대적 정치개혁운동이라고 평가할 수 있다.

한편, 청나라는 이 상황을 가만히 두고만 볼 수 없었다. 청나라는 김옥균 같은 사람들을 꼬드겨 정변을 일으키게 한 일본에 선전 포고를 하며 베트남으로 향하던 위안스카이의 병력을 다시 조선으로 회군시켰다.

청군 1,500명의 병력과 일본군 경비병 수백 명의 한판 대결은 갑신정변의 성공 여부를 결정짓는 또 다른 싸움이었다. 문제는 조선군이 청군 편을 들었다는 것이다. 한때 민씨정권에 저항하며 임오군란을 일으키고 대원군을 내세운 구식 군인들이었지만, 일본군을 앞세워 좁아 터진 궁궐에 왕까지 가두는 급진개화파의 손을 차마 들어줄 수 없었다.

이렇게 되자 일본은 고민에 빠졌다.

"지금 청나라와 싸운다면, 과연 이길 수 있을 것인가?"

일본은 청과의 전쟁은 시기상조라 생각하며 전투를 포기하고 퇴각을 결정했다. 만약, 이때 일본이 퇴각하지 않았더라면 임오군란을 계기로 조선에 군대를 주둔시킨 청나라와 일본 사이에서 전쟁이 벌어질 수도 있는 상황이었다.

이후 청나라와 일본은 갑신년(1884)에 조선에서 서로 전쟁할 뻔했음을 유념하고, 청나라 총리 이홍장과 일본 총리 이토 히로부미가 톈진에서 만나 조약을 체결했다. 두 나라는 조선에서 공동 철병을 약속하고, 혹여나 조선에서 변란이 발생했을 경우, 먼저 군대를 파견한 나라가 나머지 다른 나라에 통보하기로 약속했다(1885, 톈진조약). 이 조약으로 일본은 조선의 정치적 주도권을 청나라에 넘겨주는 대신에 청과 동등한 군사권을 갖게 되었다. 이때 체결된 톈진조약은 훗날 청일전쟁의 배경이 됐다.

급진개화파가 주도한 갑신정변은 일본의 배신과 함께 삼일천하로 끝났다. 결과적으로 갑신정변은 조선에 최악의 상황을 몰고 왔다. 갑신정변 이후 조선에서 '개화'라는 단어를 입에 올리면 곧 반역자가 됐다. 조선은 갑신정변의 실패와 함께 근대화의 동력도 상실했다. 정변 과정 중에서 온건개화파 상당수가 급진개화파의 손에 죽어 나가기도

했다.

한편, 청나라의 개입과 일본의 배신으로 실패를 직감한 김옥균·박영효·서광범·서재필 등의 급진개화파는 일본공사관으로 몸을 피했다.

홍영식도 몸을 피하려고 하자 고종은 이렇게 외쳤다.

홍영식

"그대는 과인을 두고 어디를 가려 하는가."

홍영식은 몸을 피하는 대신 끝까지 고종을 호위하다가 왕을 확보하러 온 청군과 조선군에게 난도질당해 죽었다. 고종은 그가 죽는 것을 보고도 아무 말도 하지 않았다. 고종은 자기만 살면 되는 사람이었다.

일본공사관마저 위험하다고 생각한 김옥균과 박영효 등 급진개화파 주요 인사 9명은 일본공사 다케조에와 함께 일본으로 건너가는 배에 올랐다. 일본 망명으로 자신들은 간신히 살아남았지만, 조선에 남은 가족들의 생사는 불투명했다.

갑신정변은 왜 실패했을까?

여러 실패 요인 중 민중의 지지를 받지 못한 측면이 크다. 그렇다면 갑신정변은 왜 민중의 지지를 받지 못했을까.

첫 번째, 정변의 주역인 급진개화파가 일본을 등에 업었던 측면이다.

일본에 대한 감정이 곱지 않던 조선인 대부분은 일본의 지원을 믿고 정변을 일으킨 급진개화파를 지지하기 쉽지 않았다.

두 번째, 급진개화파들은 토지 개혁안을 제시하지 못했다.

민초들이 가장 원하는 것은 먹을거리를 마련해 주는 것이다. 갑신정변은 이 부분에 있어 실패했다. 민중의 입장을 헤아린 개혁안을 제시하지 못한 것이다. 그래시 흔히 갑신정변을 '위로부터의 개혁'이라고 한다. 일반 민중 대신 기득권의 입장만을 헤아린 개혁이라는 뜻이다. 물론, 자신들의 신분적 기득권을 내려놓고 문벌 폐지와 인민평등권을 외친 조선의 엘리트 금수저 입장에서는 억울할 만도 하다. 그러나 그들이 경제적 기득권을 포기하지 못한 것은 주지의 사실이다.

세 번째, 급진개화파들은 너무 어렸다.

유교 국가 조선에서 나이 문화는 급진개화파가 넘기 어려운 큰 벽이었다. 나이 문화가 지금보다 더했으면 더했지 덜하지 않았던 그 당시, 조선 민중들이 보기에 김옥균과 박영효 등은 소위 대가리에 피도 안 마른 녀석들이었다. 과연 이들을 쉽게 지지할 수 있었겠는가. ●

김옥균은
친일파인가,
혁명가인가?

갑신정변이 실패로 끝나자, 김옥균은 박영효, 서재필 등과 함께 일본으로 몸을 피했다. 조선은 연좌제를 적용하여 김옥균의 가족을 죽였다. 김옥균의 친부와 동생은 물론, 양부 김병기까지 모두 옥사했다. 모친과 여동생은 음독자살을 기도했다.

김옥균의 가족을 몰살하는 것만으로는 분이 풀리지 않았는지 고종과 민비는 일본에 있는 김옥균의 송환을 요구했다. 그러나 일본이 거부하자, 고종과 민비는 일본으로 자객을 보내 김옥균에 대한 암살을 시도했다.

청나라 역시 김옥균의 일본 망명에 불만을 표했다. 결국, 일본은 청·조선 사이에서 외교적 분쟁을 야기하는 김옥균의 신변을 보호한다는 명목으로 김옥균을 오가사와라섬에 유배를 보내기도 했고, 홋카이도에 연금시키기도 했다.

김옥균은 유배와 연금에서 풀려난 이후 모든 것을 체념한 듯 여색에 빠져 일본의 홍등가를 오가며 한량으로 살았다. 조국이 처한 현실, 가족의 죽음, 자신의 처량한 신세를 외면하고자 난잡한 생활에 중독되

김옥균

었는지 아니면 조선으로부터 건너오는 자객 때문에 바보 행세를 한 것인지 알 수 없다. 하지만 김옥균을 가장 믿고 따랐던 박영효조차 그에게 쌍욕을 퍼부었을 정도이니, 당시 김옥균이 얼마나 방탕하게 살았는지 짐작할 수 있다.

갑신정변 10년 후, 김옥균에게 다시 한번 기회가 찾아왔다. 당시 청나라의 최고 권력자인 북양대신 이홍장이 김옥균을 청나라로 초청했다. 기회를 얻은 김옥균은 이홍장과 만나 청나라와 조선, 일본이 힘을 모아 서양 세력에 맞서자는 삼화주의三和主義를 설파하고자 했다. 김옥균은 일본에서 만난 파리 유학생 출신 홍종우와 함께 상해로 건너갔다. 그러나 이홍장을 만나기 하루 전날, 김옥균은 동행했던 홍종우가 쏜 총을 맞고 죽었다. 갑신정변을 일으킨 지 정확히 10년 후 중국땅 상해에서 죽은 것이다.

이홍장은 자신의 손님을 멋대로 암살한 조선에 분노했다. 민비는 갖은 금은보화로 이홍장을 달래야 했다. 반면, 김옥균 살해 혐의로 상해에서 체포된 홍종우는 오히려 득의양양하게 조선으로 귀국하고 조정으로부터 상까지 받았다. 그럴 만한 것이 홍종우는 고종과 민비가 김옥균 시해를 목적으로 보낸 자객이었다.

홍종우와 효수된 김옥균의 시신

이홍장이 민비에게 건넨 김옥균의 시신은 양화진에 도착하자마자 거열형을 당했다. 그의 시신은 여섯 토막이 난 채 길바닥에 버려졌고, 그의 머리는 대역부도옥균大逆不道玉均이라 적힌 푯말과 함께 양화진에 전시됐다. 반역자 김옥균의 시신을 수습하겠다고 나서는 조선인은 없었다. 김옥균의 한 일본인 친구가 자기 아내를 보내 김옥균의 머리를 겨우 챙겨 일본 도쿄의 한적한 절 뒤에 묻었다. 지금도 그 절에는 김옥균의 무덤이 비석과 함께 남아 있다.

아무리 왕과 왕비라 할지라도 당시 실정법상 김옥균의 시신을 훼손한 행위는 엄연한 불법이었다. 조선의 지식인은 물론이고 각국 영사관까지 반발에 나섰다. 그러나 김옥균을 향한 고종과 민비와 민씨 일족

훗날 일본 총리가 되는 이누카이가 세운 아오야마 공동묘지의 김옥균 묘비

의 분노는 주변국의 눈치를 넘어섰다. 자신들의 권력에 도전한 자의 최후는 이처럼 비참하다는 것을 만천하에 알리려는 이들에게 실정법은 아무 의미가 없었다.

작금의 대한민국 보수주의자들은 김옥균을 혁명가라고 인식하며 거부감을 갖고, 대한민국의 진보주의자들은 그를 친일파라고 비난한다. 그러나 갑신정변에 대한 이해와 관심을 가지고 김옥균을 들여다본다면, 그를 결코 민족배반자라고 할 수 없을 것이다.

일본이 김옥균의 환심을 사서 그를 이용한 것은 사실이나, 김옥균 역시 일본을 조선의 개혁 도구로써 이용하려 했던 측면이 강하다. 심지어 그가 죽기 직전 청나라의 이홍장을 만나려 한 것은 자신을 지금껏 후원하고 지켜 준 일본의 뒤통수를 세게 치는 일이기도 했다. 김옥균은 그 어떤 상황에서도 일본을 위해 조선을 팔지 않았다.

김옥균은 조선의 근대화를 끝없이 고민했다. 그가 꿈꾼 조선의 근대화는 결코 매국이 아니었다. 김옥균에게 있어 매국하는 자들은 당시 백성들의 고혈을 쥐어짜던 고종과 민비를 비롯한 조선의 지배층들이었다.

북한에서는 의외로 김옥균을 높게 평가한다.

"우리 역사에도 부르주아 혁명가가 있었는데, 김옥균을 들 수 있다."

이러한 김일성의 발언이 있었으니, 북한학계 역시 김옥균과 갑신정변을 긍정적으로 해석할 수밖에 없다.

북한은 프롤레타리아 혁명을 설명하기에 앞서 필수 요소가 되는 자본주의 시민혁명의 사례로 갑신정변을 설정하고, 김옥균을 영웅화한다. 대신, 김옥균과 일본 및 후쿠자와 유키치 사이에 있었던 교분 사실 등은 설명하지 않는다.

북한은 역사를 해석할 때 다방면의 실증적 해석이 아닌, 자신들의 필요에 의한 해석을 하는 나라답게 김옥균을 이용한 셈이다. ●

게이오대학을
방문한
대한민국 대통령

일본에서 김옥균은 높은 평가를 받는다. 그 이유는 일본 근대화의 아버지라 칭송 받는 후쿠자와 유키치와의 우정 때문일 것이다. 후쿠자와 유키치는 일본인이 가장 많이 사용한 1만엔권의 주인공으로, 우리로 치면 일본에서 세종대왕만큼 인지도를 가진 인물이다.

후쿠자와 유키치는 김옥균보다 16살이나 많았음에도 김옥균을 진심으로 대했다. 갑신정변 실패 후 일본으로 망명한 김옥균을 챙긴 것도 후쿠자와 유키치였다. 그는 김옥균이 일본에서 섬으로 유배를 당했을 때도 일본 정부를 성토하면서까지 그를 지키려 했다.

이후 김옥균의 사망 소식을 듣게 된 후쿠자와 유키치는 자기 집에서 김옥균에 대한 제를 올렸다. 김옥균을 향한 그의 의리는 진심이었던 것 같다.

그러나 후쿠자와 유키치는 일본의 대표 제국주의자이자 극우의 상징적인 인물이다.

그가 했던 말들을 보자.

1만엔권의 후쿠자와 유키치

"조선인은 소와 말, 돼지와 개와 같다."

"조선인의 무식은 남양의 미개인에게도 뒤지지 않는다."

"조선은 야만국이다. 우리의 속국이 된다고 해도 전혀 기쁘지 않다."

후쿠자와 유키치는 조선과 청을 멸시하며 탈아론脫亞論을 제창했고, 일본군 성노예의 필요성을 주장한 인물이기도 하다. 이러한 후쿠자와 유키치가 생전에 만든 학교가 지금의 게이오대학이다. 게이오대학은 사쓰마번과 조슈번 출신의 극우 정치인을 배출하는 양성소 역할을 했다.

2023년 3월, 대한민국의 윤석열 대통령이 게이오대학을 방문했다. 그곳에서 윤석열 대통령은 오카쿠라 덴신의 말을 인용하여 일본 대학생들에게 연설했다.

"용기는 생명의 열쇠다. 한·일 양 국민에게 필요한 것은 더 나은 미래를 위한 용기다."

문제는 오카쿠라 덴신이 한국멸시론자로서 아래와 같은 말을 했던 인물이라는 것이다.

"조선은 원래 500년 동안 일본 지배하에 있던 일본의 영토다."

대한민국 대통령이 일본의 수많은 대학 중 왜 하필 일본의 탈아론과 침략전쟁의 사상적 기반을 제공한 후쿠자와 유키치가 만든 대학에서, 또 하필 한국멸시론자 오카쿠라 덴신의 말을 인용하며 일본 대학생들에게 연설했는지, 정상적인 한국인이라면 속이 뒤틀려야 한다.

그러나 잠재적으로 친일 매국의 유전자가 존재하는 인간들은 속이 편안할 것이다. ●

11

곰나루의 그 아우성만 살고 껍데기는 가라

동학농민운동
(1894년)

11

갑신정변(1884) 이후 동학농민운동(1894)이 일어나기까지 조선의 10년은 죽어버린 시간이었다. 갈수록 심해지는 청나라의 내정 간섭 속에서 근대화를 향한 모든 작업은 전면 중단됐다. 고종과 민비는 나라와 백성을 외면한 채 자신들의 이익만 챙기느라 여념이 없었고, 백성들의 삶은 궁핍해져만 갔다.

　일본은 앞서 임오군란(1882)과 갑신정변 당시 방화로 소실된 일본공사관과 일본인이 입은 피해에 대한 배상을 요구했다. 이에 조선은 일본과 제물포조약(1882) 및 한성조약(1884)을 맺어 일본에 배상금을 지급했다. 또한, 조선은 곡물이 일본으로 유출되는 것을 막고자 함경도 관찰사 조병식이 방곡령을 선포하기도 했지만(1889), 이마저도 일본의 방해로 실패하게 되면서 또다시 일본에 배상금을 토해야 했다. 배상금은 당연히 백성들의 주머니에서 나온 것이었다.

　"도탄에 빠진 백성을 구하라."

경상도의 몰락 양반 최제우는 도를 닦던 중 하늘님의 음성을 듣고 동학을 창시했다(1860). 마호메트가 동굴에서 알라의 음성을 듣고 이슬람교를 창시했다는 일화와 비슷하다.

최제우는 당시 서학에 해당하는 천주학에 반대된다는 의미에서 동학이라 이름을 붙였다. 동학은 누구나 마음

동학 창시자 최제우

속에 하늘님을 모시고 있다는 뜻의 시천주侍天主사상과 사람이 곧 하늘이라는 뜻의 인내천人乃天사상을 주장했다. 천주교에서 말하는 평등 교리에 우리 민족의 유불선(유교·불교·도교)사상을 융화시킨 동학은 삼남(전라도·충청도·경상도) 지방으로 널리 퍼졌다.

당시 집권자였던 대원군은 동학을 불법 종교로 낙인을 찍고, 동학의 창시자 최제우를 체포해 죽였다. 그의 죄명은 어리석은 백성을 잘못된 길로 이끈다는 '혹세무민惑世誣民'이었다.

동학은 불법 종교가 되었지만 제2대 교주 최시형에 의해 오히려 그 교세가 확산된다. 최시형은 포접제라는 조직을 만들고 각 지역에 포주와 접주를 임명하면서 세력을 늘렸다. 또한, 이 시기에는 동학의 경전

동학 2대 교주 최시형

이라 부르는 『동경대전』이 편찬되고, 일종의 찬송가라 할 수 있는 『용담유사』도 간행됐다.

1892년에 들어서 교세 확장에 자신감이 생긴 동학교도는 전북 삼례에 모여 집회를 열고, '교조신원敎祖伸寃'을 주장했다. 교조 최제우의 억울한 누명을 풀고, 동학을 합법 종교로 인정해 달라는 저항적 성격의 집회였다. 삼례는 충청도와 전라도의 경계에 있었으므로, 충청도와 전라도 관찰사는 동학인의 모임이 반란으로 번지지 않을까 노심초사하며 이렇게 말했다.

"종교 활동의 자유에 대해서 우리가 해 줄 수 있는 것은 없다. 모든 것은 나라님이 결정한다."

동학인들은 관찰사의 말에 수긍하며 한양 경복궁 앞에서 복합상소를 전개하기로 뜻을 모았다.

1년 뒤 1893년, 수천 명의 동학인들이 한양으로 잠입했다. 이들을

요즘 역사

대표하는 50여 명의 동학 지도자들은 갑자기 경복궁 앞에 꿇어 엎드렸다. 종교 활동에 대한 자유를 청하기 위해 복합상소를 전개한 것이다. 이 복합상소는 3일간 계속됐다. 임오군란과 갑신정변이라는 큰 트라우마가 있던 고종과 민비는 경복궁 앞에 모인 이들을 달래며 고향으로 돌려보냈다.

며칠 후 명령이 내려졌다.

"경복궁 앞에서 복합상소를 전개한 동학교도를 모두 잡아 죽여라."

왕과 왕비의 이중적 행태에 분노한 동학인들은 충북 보은에 다시 모였다. 이번에는 종교의 자유를 넘어 '척왜양창의斥倭洋倡義(왜와 서양을 몰아내고 의를 드높이자)'라는 정치적 성격의 구호가 나왔다.

전라북도 고부군. 지금은 전라북도 정읍시 고부면이다. 당시 고부군은 조선 최대의 곡창지대로서 고부군수는 조선 최악의 탐관오리 조병갑이었다.

조병갑은 온갖 명목으로 백성들의 고혈을 짜냈다. 자신의 모친상 부조금이라며 고부 군민들에게 2천 냥을 세금으로 부과했고, 옆 동네 태인의 군수였던 자신의 아버지를 기리는 공덕비를 세우겠다는 이유로 1천 냥의 세금을 물렸다. 참다못한 고부의 마을 어른들이 조병갑을 찾아갔다.

옛 고부 관아 터의 고부초등학교

"사또, 부당한 세금을 취소하고, 흉년 때문에 군민들이 굶주리고 있으니, 곳간을 열어 구휼을 부탁드립니다."

고부의 사또 조병갑은 감히 수령에게 이래라저래라 간섭한다며 마을 어른들에게 곤장을 치고 옥에 가뒀다. 그중 한 명이었던 전창혁은 옥에 갇힌 지 보름도 지나지 않아 장독으로 죽고 말았다. 전창혁의 아들이 바로 고부의 동학 접주 전봉준이다.

탐관오리 조병갑의 횡포 중 단연 압권은 만석보 축조였다. 마을에는 보(물을 모아 두는 작은 댐)가 있었다. 하지만 조병갑은 이미 있던 보 아래

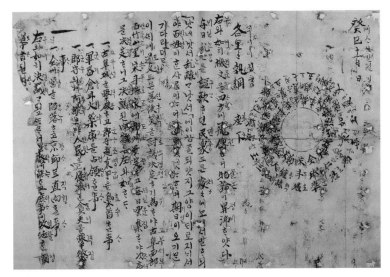

사발통문

에 새로운 보를 만들었다.

"만석보가 세워지면 첫해에는 물세를 받지 않겠다."

조병갑의 감언이설을 믿은 군민들은 농사일과 동시에 만석보 축조라는 힘든 노역을 견뎠다. 그러나 만석보가 완성되자 조병갑은 약속을 뒤집고 돌연 물세를 내라며 쌀 700석을 징수했다.

고부군수 조병갑의 횡포에 참지 못한 군민들은 고부의 동학 접주 전봉준을 중심으로 사발통문을 돌리며 고부 관아를 습격하는 봉기 계획을 세웠다. 그러나 다행인지 불행인지 조병갑이 옆 마을 익산군수로

발령이 났다.

동학인들은 봉기 계획을 늦추고, 새로운 군수가 올 것을 기대했지만 새 군수 발령은 감감무소식이었다. 조정에서는 여러 명을 고부군수로 임명했지만 모두 이 핑계 저 핑계를 대며 고사했다. 호남평야의 최대 곡창지대의 고부군수 자리를 놓치기 싫었던 조병갑이 여러 방법으로 손을 쓴 것이었다.

드디어 새로운 군수가 발령을 받고 고부에 내려왔다. 그런데 또 조병갑이었다. 익산군수가 되었던 조병갑이 고부군수가 되어 다시 돌아온 것이다.

군민들은 절망했고, 사발통문에 이름을 올렸던 이들의 봉기는 필연적 상황으로 치달았다.

전봉준은 동학인들과 마을 사람들을 이끌고 고부 관아로 쳐들어갔다. 이를 고부민란이라 한다(1894.1.10.).

놀란 조병갑은 도망을 갔고, 동학인들은 고부 관아를 접수하는 데 성공했다. 이 과정에서 고부 군민들의 가장 큰 원망의 대상이었던 만석보도 헐렸다.

고부 관아를 장악한 전봉준과 동학인들은 단순한 도적떼가 아니었다. 그들은 관아의 곡식 창고를 열어 구휼미 1,400여 석을 군민들에게 골고루 나눠 주었다. 고부민란 이후 고부 군민들은 날마다 잔치를 열었다. 이 소식은 고부 주변에서 굶주림에 신음하고 있는 농민들에게 꿈같은 소식으로 빠르게 퍼졌다.

고부민란 소식을 들은 조선 정부는 조병갑을 파직하고 박원명을 새로운 군수로 임명했다. 박원명은 백성들의 민심을 다독이려 노력했지만, 문제는 새롭게 파견된 안핵사(민란을 수습하는 관리) 이용태였다.

이용태는 조병갑만큼의 탐관오리였으며, 가재는 게 편이었다. 이용태는 전후 사정을 따지지도 않은 채 고부민란의 주동자라 하여 전봉준에 대한 체포 명령을 내렸다. 이 과정에서 관군(전라도 감영군)은 마을 사람들을 죽이는 것도 모자라 여자를 겁탈하고 마을에 불을 지르는 만행까지 저질렀다.

조병갑을 향했던 전봉준과 고부 군민들의 분노는 이제 국가를 향했다. 전봉준은 무장접주 손화중, 태인접주 김개남 등과 전북 무장에서 모인 후 포고문을 발표하며 봉기를 선언했다. 동학농민군의 제1차 봉기였다(1894.3.). 이어서 전라도 각지에 있는 동학 접주에게 연락을 돌렸다. 근처 부안과 고창 등에서 봉기한 동학인들과 농민들이 부안군 백산면으로 집결하였으니, 그 수가 어림잡아 8천여 명이었다.

전봉준은 동학농민군 앞에서 포고문을 읽고 4대 강령을 발표했다.

"서울로 군대를 몰고 가서 권세가를 잡아 죽인다."

자신감에 가득 찬 8천여 명의 동학농민군도 구호를 외쳤다.

"보국안민輔國安民(나라를 보호하고 백성을 편안케 한다)"
"제폭구민除暴救民(폭정을 제거하고 백성을 구한다)"

전북 정읍 황토현 벌판에서 동학농민군과 조선 관군의 첫 전투가 벌어졌다. 하늘을 찌를 듯한 동학농민군의 의기에 관군 1,300여 명은 쉽게 무너졌다. 영관대장 이경호는 동학농민군에게 사로잡혀 죽었다. 황토현전투(1894.4.)의 승리는 동학농민운동이 본격화되는 결정적 계기를 마련했다.

황토현전투 이후 호남에서 동학농민군을 막을 수 있는 관군은 존재하지 않았다. 동학농민군은 당시 호남의 도청 소재지라 할 수 있는 전주에 무혈입성할 수도 있었다. 그러나 전라도 각지에서 탐관오리의 부패에 신음하는 농민들을 규합하기 위해 남도 퍼레이드를 계획했다.

동학농민군은 영광·함평·장성을 거치며 탐관오리들을 쫓아내고, 폭정에 신음하던 농민군을 규합했다. 그러나 목사 민종렬이 지켰던 나주만큼은 점령하는 데 실패했다.

전봉준은 나주 관아에 직접 들어가 민종렬에게 협력을 요구했지만, 그는 받아들이지 않았다. 민종렬은 전봉준을 죽이자는 부하들의 간청에도 전봉준을 사신처럼 대접했다. 전봉준은 당당히 나주 관아에서 하룻밤을 자고 나왔다. 전봉준도 간이 배 밖으로 나왔다고 할 수 있지만, 민종렬도 보통 사람은 아니었다.

조정에서는 민비의 호위대장 홍계훈을 토벌대장으로 임명하고 중앙군을 파견했지만, 동학농민군의 기세를 당해낼 수 없었다. 영광과 함평을 돌아 북상하던 동학농민군은 장성에서 홍계훈의 부하 이학승이 이끄는 300여 명의 토벌대와 맞닥뜨렸다.

동학농민군이 신식 총으로 무장한 중앙군을 당해낼 수 없을 것 같았

장태

지만, 그들은 닭장으로 사용하는 장태를 굴리며 관군을 박살을 냈다 (1894.4, 황룡촌전투). 이후 동학농민군은 정읍과 순창을 거쳐 마침내 전주를 점령했다(1894.4.).

전주는 전라도의 감영(지금의 도청)이 있는 도시이자 전주 이씨 왕조의 기원이 되는 도시였다. 동학농민군은 호남의 핵심 도시이자 조선왕조의 자존심을 점령한 것이었다.

동학농민운동은 조선왕조 500년 역사상 가장 큰 농민봉기였다. 15세기 세조 때 이시애가 난을 일으켜(1467) 함경도를 장악했다고는 하지만, 함경도와 전라도가 조선에서 차지하는 비중은 천지 차이다.

호남의 인구는 조선 인구의 1/5였고, 쌀 생산량은 조선 전체의 1/3에 육박했기 때문이다.

이제 조선 정부의 힘만으로는 동학농민군을 막기 어려웠다. 임오군란이 일어났을 때 자신들의 권력을 되찾고, 대원군을 제거하기 위해 청나라 군대를 불러들인 전력이 있던 고종과 민비는 다시 청나라의 힘을 빌리려 했다.

1894년 5월 5일, 청나라 군대가 충청도 아산만으로 입성했다. 문제는 갑신정변(1884) 직후 청나라 이홍장과 일본의 이토 히로부미가 체결한 텐진조약(1885)이었다. 갑신정변 당시 조선에 주둔했던 청군과 일본군은 전쟁 대신 철병을 결정했다. 그리고 혹여 나중에라도 조선에 군대를 파병할 일이 생기거든 상대국에 통보하고 상대국 역시 파병할 수 있는 공동파병권을 갖는 것이 텐진조약의 핵심 내용이었다.

고종과 민비가 텐진조약을 모를 리 없었다.

고종과 민비는 청군이 일본군보다 압도적으로 강하니, 설마 두 나라의 군대가 조선에 출정하더라도 일본이 청나라에 덤벼들지 못하리라 생각한 것 같다.

청나라가 상륙하고 나서 하루 뒤 5월 6일, 일본이 인천에 군대를 상륙시켰다. 청군이 동학농민군의 북진을 막으려 아산만으로 진주한 것과는 달리, 일본군은 서울 점령을 목표로 인천에 진주했다.

청일 양군이 조선땅에 상륙하자 동학 지도부는 당황했다. 동학농민군의 봉기가 결과적으로 조선땅에 외세의 군대가 상륙하는 명분을 만든 셈이었다. 더구나 이 땅에서 청일 양국 간에 전쟁이 벌어질 경우, 그 끔찍함은 충분히 짐작이 갔다. 동학 지도부는 조선 정부와 대화를 원했다.

전봉준이 전주성에서 정부군 사령관 홍계훈과 만났다.

"동학군은 무기를 놓고 고향으로 돌아갈 테니, 조선 정부는 스스로 개혁하시오. 그리고 청일 양군을 이 땅에서 철수시키시오."

우리 땅에서 외세끼리의 전쟁이 일어나는 것을 막고자 스스로 군대를 해산하겠다는 뜻이었다. 조선 정부 입장에서는 반가운 소리였다. 동학농민군으로서는 종교의 자유와 반봉건의 기치를 내걸고 봉기한 결과, 그만큼의 성과를 거뒀지만 이 땅에서 일어나서는 안 될 외세끼리의 전쟁이 더욱 두려웠다. 반면, 고종과 민비는 이 땅에서 전쟁이 일어났을 때 조선의 백성들이 경험하게 될 고통과 공포에 대해 관심이 없었다. 오히려 백성들의 안위는 조선 정부가 아니라 동학농민군이 챙겼다.

전주성에서 전주화약이 체결되면서(1894.5.) 동학농민군은 무기를 놓고 해산했다. 대신, 동학의 지도부는 전라도 일대의 개혁권을 얻어 동학인들의 주도로 운영할 수 있는 개혁기구 집강소를 설치했다.

곧이어 동학농민군은 폐정개혁안 12개조를 발표했다.

"탐관오리와 횡포한 부호를 엄징할 것"

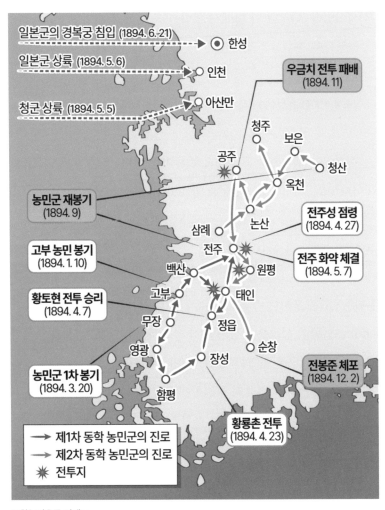

일본군의 경복궁 침입 (1894. 6. 21) → ◉ 한성

일본군 상륙 (1894. 5. 6) → ○ 인천

청군 상륙 (1894. 5. 5) → ○ 아산만

우금치 전투 패배 (1894. 11)

청주
보은
공주 💥
청산
옥천

농민군 재봉기 (1894. 9)

삼례
논산

전주성 점령 (1894. 4. 27)

고부 농민 봉기 (1894. 1. 10)

전주 💥
원평
전주 화약 체결 (1894. 5. 7)

백산

황토현 전투 승리 (1894. 4. 7)

고부
태인 💥

무장
정읍

영광
순창
장성

농민군 1차 봉기 (1894. 3. 20)

함평

전봉준 체포 (1894. 12. 2)

황룡촌 전투 (1894. 4. 23)

→ 제1차 동학 농민군의 진로
→ 제2차 동학 농민군의 진로
💥 전투지

동학농민운동 전개도

"노비 문서를 불태우고 청상과부의 재가를 허용할 것"

"왜와 간통하는 자는 엄징할 것"

"토지는 평균 분작할 것"

전주화약이 체결되자 청군과 일본군은 조선에 주둔할 명분이 사라졌다. 조선 정부는 청일 양군의 철수를 요구했고, 청군 역시 일본군에게 공동 철병을 제의했다. 그러나 갑신정변 이후 조선의 주도권을 청나라에게 내어 준 상태로 10년 동안 기회만 엿본 일본은 순순히 물러나지 않았다.

일본군은 경복궁을 공격했다(1894.6.21.). 경복궁의 궁궐 수비대는 목숨을 바쳐 저항했지만, 현대식 무기를 갖춘 일본군을 막기에 역부족이었다. 일본군은 끝내 경복궁을 점령했다. 일본군의 경복궁 점령은 청나라에 대한 선전 포고나 다름없었다. 곧이어 청일전쟁이 발발했다(1894.6.).

1592년 임진왜란

1894년 청일전쟁

1904년 러일전쟁

1931년 만주사변

1937년 중일전쟁

1941년 태평양전쟁

일본이 외세와 치른 전쟁들이다. 모두 일본의 선제공격이었다. 이토록 수많은 선제공격에 앞서 일본은 단 한 번도 전쟁에 대한 선전 포고를 하지 않았다.

일본인이 그리 자랑스럽게 생각하는 무사도, 즉 사무라이 정신은 형식이자 겉치레에 불과했다. 사무라이는 자신들이 동경하는 이상향이었을 뿐, 그들 내면의 뿌리에는 닌자 정신이 깔려 있던 것이다.

청일전쟁이 일어나자, 조선 백성들의 삶은 무너졌다. 전쟁으로 인한 피해와 공포는 모조리 백성들이 감당해야 했다. 전쟁을 일으킨 당사자 일본은 경복궁을 점령한 채 조선 정부에게 내정개혁을 강요했다. 그렇게 갑오개혁이 시작됐다(1894.6.25.).

전라도에 집강소를 설치하고 개혁을 이끈 동학농민군에 대한 정부의 지지와 지원도 끊겼다. 청일 양군의 철수를 전제로 무기를 놓고 자진해산을 결정한 동학농민군으로서는 일본군의 경복궁 점령과 청일전쟁의 발발은 재봉기를 결심하게 했다.

동학농민군은 제2차 봉기를 했다(1894.9.).

제1차 봉기(1894.3.)가 조선 정부에 불만이 가득 찬 반봉건적 성격이 강했다면, 제2차 봉기는 일본을 몰아내자는 반외세적 성격을 띠었다. 제1차 봉기 때는 전봉준을 비롯한 전라도의 동학인과 농민, 즉 남접이 중심이었지만 제2차 봉기 때는 최시형과 손병희가 이끄는 충청도의 동학, 즉 북접도 합류했다. 동학농민군의 제2차 봉기는 남북접이 연합한 셈이다.

남북접 연합군은 논산에 집결했다. 이들은 전쟁을 계획했다. 무능한 조선 정부가 빼앗긴 경복궁을 되찾고, 그곳을 점령한 일본을 몰아

우금치 고개

낼 생각이었다. 3만 명의 동학농민군은 짚신을 신고, 손에는 죽창을 들고 서울을 향해 북상하기 시작했다.

동학농민군이 서울을 향해 진격했다는 소식을 들은 일본군은 조선의 관군과 함께 공주 우금치에서 매복한 채 그들을 기다렸다. 물론, 동학농민군도 일본군이 매복했다는 사실을 알고 있었다. 동학 지도부는 고민에 빠졌다. 우금치 고개를 뚫고 서울까지 올라갈 것인가, 훗날을 도모할 것인가. 동학농민군은 정면 돌파라는 결정을 내리고, 곧 총공격을 개시했다.

우금치의 동학농민군 3만여 명은 죽창을 들고 양쪽 산의 정상을 향해 용감하게 뛰어 올라갔다. 우금치 양쪽 고개에 매복한 일본군과 관군 연합군은 개틀링 기관총을 발사했다. 동학농민군은 앞서간 전우가 총에 맞고 쓰러지면, 그 시신을 밟고 전진했다. 그러나 죽창으로

부하의 밀고로 체포되는 전봉준

기관총을 이길 수는 없었다. 시산혈해屍山血海, 시체가 산을 이루고 피가 바다를 이루었다. 지금도 공주 우금치에는 서로 포개져 쓰러진 동학농민군의 시신이 발굴되곤 한다. 수많은 사상자를 남긴 채 우금치의 동학농민군은 북상, 즉 일본으로부터의 경복궁 탈환을 포기해야 했다.

　시인 신동엽은 우금치전투를 이렇게 표현했다.

"동학년 곰나루의 그 아우성만 살고 껍데기는 가라."

동학년은 1894년 갑오년을 뜻한다. 곰나루를 해석하면 웅진熊津을 뜻한다. 웅진은 지금 공주의 옛 이름이며, 백제의 두 번째 수도였다. 해석하자면 아래와 같다.

"갑오년 공주 우금치의 동학 농민(민중)의 함성이 진정 우리의 외침이고, 나머지는 거짓이니 꺼져라."

비록 우금치전투(1894.11.)는 패배하였으나 그곳에 남은 동학농민군의 정신은 여전히 우리 가슴에 살아 있다.

우금치전투에서 패배한 동학농민군은 이리저리 흩어졌다. 동학의 지도자 전봉준은 부하의 밀고로 체포됐다(1894.12.). 전봉준의 체포 소식에 백성들은 이런 노래를 불렀다.

"새야 새야 파랑새야, 녹두밭에 앉지 마라. 녹두꽃이 떨어지면, 청포 장수 울고 간다."

파랑새는 일본을 뜻한다. 녹두꽃은 키가 작은 전봉준을 뜻한다. 그리고 청포 장수는 조선의 민중을 말한다. 동학 지도자 전봉준이 일본군에 끌려가는 것에 대한 민중의 슬픔을 노래한 가사이다.

태인접주 김개남의 체포는 더욱 가슴 아프다. 훗날 모두가 알 만한 독립운동가 유생 임병찬은 김개남의 옆 동네 친구였는데, 당시 일본군으로부터 도주하던 김개남을 자기 집에 숨겨 주었다. 그러나 임병찬은

태인접주 김개남

김개남이 자기 집에 숨어 있음을 전주 감영에 밀고하여 친구를 팔았다. 결국 김개남은 임병찬의 집에서 체포되어 이틀 뒤, 전주에서 목이 베였다. 전주의 많은 백성이 눈물을 흘렸다.

동학농민운동은 실패했다.

제1차 봉기 당시 동학농민군은 전주성을 점령했음에도 외국 군대의 철수를 위해 자진해산을 하는 아량을 보였다. 제2차 봉기 때는 공주 우금치에서 일본군에게 패배했다. 설령 동학농민군이 우금치를 넘어 경복궁까지 진격하여 일본군을 몰아냈다고 하더라도, 동학농민군은 어떤 국가를 만들 것인가에 대한 비전을 제시하지 못했다.

그러나 동학농민운동의 반봉건 정신은 갑오개혁에 반영되어 신분제 철폐 등에 큰 영향을 끼쳤고, 동학의 반외세 정신은 이후 항일의병 운동의 토대가 됐다.

동학농민운동은 일종의 쿠데타도 아니었고, 단순히 먹고사는 문제 해결을 위한 생존권 투쟁도 아니었다. 동학농민운동은 나라 사랑과 백성 사랑이라는 큰 가치를 지닌 아름다운 농민운동이었다.

그래서 내 핸드폰 번호는 30년째 갑오년(1894)이다. ●

요즘 역사

12

진정한 근대의 시발점

갑오개혁 (1894년)

12

갑오개혁은 조선왕조 500년의 근간을 뒤집고, 『경국대전』이라는 조선의 대표 법전을 한낱 종잇조각으로 만든 거대한 개혁이었다. 이 개혁을 통해 조선은 새로운 국면을 맞이하게 된다.

반면, 오늘날 우리에게 갑오개혁은 어둡게만 느껴진다. 그 이유는 개혁의 과정과 내용을 평가하기에 앞서 결과적으로 조선이 일본의 식민지로 전락한 점이 갑오개혁의 의미를 크게 퇴색시킨 듯하다. 그리고 갑오개혁이 일본의 주도로 진행된 개혁이라고 잘못 알려진 점도 많은 이들이 갑오개혁을 부정적으로 보게 만들었다.

조선 정부는 갑오개혁 이전부터 분명 개혁을 준비했다.

조선 정부는 전주화약(1894.5.)을 통해 동학농민군과 타협점을 찾고, 개혁을 총괄하는 기구로 교정청을 설치했다. 교정청은 자율적 개혁기구로서 동학농민군의 주장이 반영된 근대적 개혁을 구상했다. 그러나 1894년 6월, 텐진조약에 근거하여 조선으로 출병한 일본군이 경복궁을 무력으로 점령함에 따라 교정청은 폐지되고 말았다.

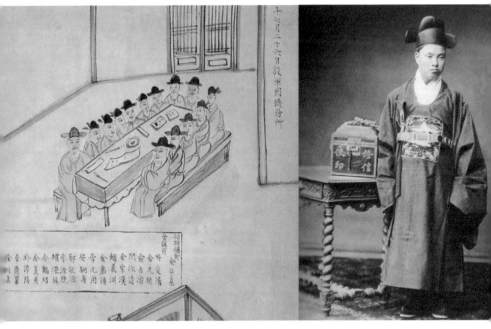

군국기무처와 김홍집

"조선에서 동학 같은 내란의 재발을 방지하기 위해서는 내정개혁
에 착수해야 한다."

일본은 교정청 대신 군국기무처라는 새로운 기구를 세우고 조선에
개혁을 강요했다. 그 결과, 김홍집 내각이 새롭게 출범하며 개혁이 시
작되니, 바로 제1차 갑오개혁이다(1894.6.).

갑오개혁은 일본이 설치한 군국기무처를 중심으로 착수됐다는 점
에서 일본에 의한 타율적 개혁이라고 평가되기도 한다. 그러나 갑오개

혁은 타율적이지 않았으며, 오히려 주체적이고 자율적이었다.

일본은 정작 자신들이 일으킨 청일전쟁에 정신이 팔려 조선의 내정 개혁에 신경을 쓰지 못했다. 이 틈을 타 조선의 개화 관료들은 군국기무처에서 뜻을 모아 여러 급진적 개혁안을 발표했다.

정치 측면에서는 궁내부를 설치하여 왕실 사무를 전담케 했다. 이는 고종과 민비에게 궁궐 사무를 제외한 정치 참여에 제한을 두는 것이었다. 또한, 기존에 사용한 청나라 연호인 '광서'를 폐지하고, '개국'이라는 자주적 연호를 사용했다.

경제 측면에서는 백성을 힘들게 한 각종 잡세를 없애기 위해 재정의 일원화를 꾀했다. 또, 조세의 금납화를 통해 모든 세금을 돈으로 납부하게 하고, 도량형을 통일했다.

진정한 의미의 반봉건적 개혁은 사회 측면에서 두드러졌다.

먼저, 신분제가 폐지됐다.

신분제 폐지는 갑신정변 당시 급진개화파가 주장한 문벌 폐지 및 인민평등권 확립과 더불어 동학농민군이 주장한 노비문서의 소각 등이 반영된 결과였다. 이로써 조선 사회를 엄격하게 이끌었던 노비제를 비롯한 신분제도가 사라지고, 나라는 새로운 사회를 위한 발돋움을 시작했다. 과부의 재가 가능, 조혼 금지, 고문과 연좌제의 금지도 발표됐다.

이처럼 갑오개혁은 시대의 전환점이 될 만한 개혁이었다. 신분제 폐지를 이뤄낸 것 또한 일본이 아닌 조선의 자율적인 개혁 의지였다.

삼국간섭 풍자화

생각지도 않게 조선 관료들이 주도적으로 개혁을 추진하자, 일본은 당황했다. 일본이 조선의 내정개혁을 진심으로 바랄 리 없었다. 조선의 급진적 개혁안에 깜짝 놀란 일본은 갑오개혁을 총괄하는 군국기무처를 급히 폐지했다. 그리고 갑신정변 이후 친일파로 변절하여 일본에 머무르던 박영효를 불러 감시자로 앉히면서 김홍집·박영효 연립내각이 주도하는 제2차 갑오개혁을 출발시켰다(1894.11.).

이후 일본은 청일전쟁의 승기를 잡고 조선의 내정개혁에 본격적으로 간섭하기 시작한다.

제2차 갑오개혁에서는 근대적 재판소가 만들어져 재판관이 임명되었고, 8도의 지방제도가 23부로 바뀌었다. 고종은 종묘에 나가 「독립서고문」을 발표하고, 소·중·사범학교 관제를 마련하는 「교육입국조서」를 반포하기도 했다. 이때, 제1차 갑오개혁의 내용을 포함한 「홍범

14조」또한 발표됐다.

동학농민운동, 청일전쟁, 갑오개혁 등 격동의 갑오년인 1894년이 저물고 을미년인 1895년으로 접어들었다.

청일전쟁은 일본의 승리로 끝났다. 시모노세키조약(1895.4.)으로 일본은 청나라로부터 2억 냥의 배상금과 더불어 대만과 요동을 할양받았다. 일본이 요동을 차지했다는 사실에 가장 민감하게 반응한 나라는 러시아였다. 러시아가 그렇게나 원하던 부동항, 그중에서도 가장 욕심낸 요동 반도의 뤼순과 다롄을 일본이 점령한 것이다. 결국 러시아는 프랑스와 독일을 끌어들여 일본의 요동 점령을 무효화시켰다. 이를 삼국간섭이라고 한다(1895.4.).

민비는 굳게 믿은 청나라가 청일전쟁에서 패배하자 크게 낙담했다. 자신이 그토록 죽이고 싶었던 박영효와 서광범 등 갑신정변의 주역들이 경복궁을 휘젓고 다니며 갑오개혁을 주도하는 모습을 두 눈 뜨고 보고 있을 수 없었다. 민비는 삼국간섭을 통해 국제 사회에서 일본이 러시아의 상대가 되지 못한다는 것을 간파했다. 곧이어 민비는 러시아와 접촉을 시도했다.

"부동항은 조선에도 많다."

민비는 부동항을 탐내는 러시아에 메시지를 보냈다. 민비로서는 청나라를 대신할 새로운 뒷배가 필요했던 것이다. 결과적으로 러시아가 일본으로부터 요동을 돌려받기 위해 주도한 삼국간섭은 조선까지 영향을 미쳤다. 김홍집과 연립내각을 이끌던 친일파 박영효는 다시 일본으로 도망가야 했고, 김홍집 내각은 친러내각으로 변모했다.

일본은 청일전쟁에서 승리하며 동북아 역사 2천 년 동안 진행된 중국 중심의 세계관에 마침표를 찍었지만, 곧 상실감에 빠졌다. 전쟁을 통해 어렵게 얻은 요동을 러시아의 압박에 못 이겨 토해 내야 했기 때문이다. 더군다나 대륙 진출의 교두보이자 청일전쟁 이후 완전한 점령은 시간문제라고 생각했던 조선마저 친러내각이 들어섰으니, 일본으로서는 분통 터질 노릇이었다.

조선에서 러시아를 끌어들여 친러내각을 구상한 자는 다름 아닌 조선의 왕비였다. 일본은 조선의 왕비 시해 계획을 세웠다. ●

13

상처 입은 조선의 자존심

을미사변
(1895년)

13

"우리 국모를 시해한 죄"

안중근이 이토 히로부미를 죽인 15가지 이유 중 하나이다. 이를 통해 당시 일본 총리였던 이토 히로부미가 민비 암살의 배후임을 예측할 수 있다. 제아무리 일본의 총리라도 자국의 왕에게 보고하지 않고 남의 나라 왕비를 시해한다는 것은 불가능한 일이다. 따라서 조선의 왕비를 살해할 계획의 최고 명령권자는 분명 일왕이었을 것이다.

민비를 죽이려는 이토 히로부미의 계획이 조선공사 이노우에 가오루에게 하달된 지 얼마 지나지 않아 미우라 고로가 새로운 조선공사로 부임했다. 이노우에 가오루 대신 미우라 고로가 후임이 된 것은 남의 나라에서 몹쓸 짓을 저지르기에 메이지유신의 공신인 이노우에보다 무명의 군인 출신 미우라가 낫다는 판단으로 보인다. 전前 조선공사 이노우에 가오루는 조선에 보름 넘게 머물며 현직 조선공사 미우라 고로에게 조용히 지시를 내렸다.

일본은 곧 자신들이 벌일 일에 대해 국제 사회의 거센 비판이 쏟아질 것을 예상했다. 따라서 조선 왕비의 죽음은 일본과 무관한 일이어야 했다. 일본은 꼼수를 썼다.

미우라 고로

첫째, 흥선대원군을 얼굴마담으로 내세울 것.

일본은 민비와 끊임없이 정치적으로 대립했던 대원군을 앞세우기로 했다. 민비 시해는 일본이 아닌, 대원군과 민비 사이에 벌어진 권력 암투가 원인이었다고 꾸미고 싶었다.

둘째, 일본군이 아닌 조선의 군대가 궁궐의 담을 넘어야 할 것.

마침 고종은 조선의 중앙군이었던 훈련대의 해체를 명했다. 일본은 고종의 결정에 불만을 품은 훈련대 대대장 3명을 회유했다. 그중에는 훈련대 제2대대장 우범선이 있었다.

셋째, 민비에 대한 직접적인 시해를 일본 정규군이 해서는 안 될 것.

왕비의 시해는 일본 정부와 관련성이 없다고 판단될 만한 이름 없는 무사들이 나서야 했다. 이에 전직 사무라이와 동경대 출신 등 젊은 극

민비 시해범들

우 칼잡이들이 동원됐다.

1895년 8월 20일 새벽, 작전명 여우사냥.

경복궁 정문 광화문 앞에 일본군의 대포가 배치됐다. 그 대포 앞에는 얼마 전 해체 명령을 받은 조선의 훈련대가 도열하고, 그 옆에는 일본 낭인 48명이 함께 대기했다.

일본의 계획은 시작 전부터 어긋나기 시작했다. 민비 시해의 주범으로 얼굴마담 역할을 해야 할 대원군이 나타나지 않은 것이었다. 일본은 대원군에게 극존칭까지 써 가며 민비를 시해하는 일에 동의를 얻어

요즘 역사

냈다. 그러나 일본의 의도를 눈치챈 대원군은 일본의 들러리를 서는 게 싫었는지 늑장을 부렸다. 대원군은 거사가 시작되고서야 경복궁 앞에 당도했다. 이 합류가 과연 일본의 강압에 의한 것인지 대원군의 심리에 변화가 생겨 스스로 나온 것인지는 알 수 없다.

경복궁 안에 있던 고종도 광화문 앞에 집결한 일본군의 상황을 몰랐을 리 없다. 다만 저들이 노리는 이가 자

을미사변 전개도

신인지 혹은 자신의 부인인지 알 수 없었다. 그저 자신에게 겁만 주는 것이라고 생각하면서도, 조선의 중앙군으로서 경복궁과 왕을 보호해야 할 훈련대가 자신에게 총구를 겨누고 궁궐 담을 넘으려 하는 상황은 참기 힘들었을 것이다. 고종은 급히 민비의 심복 홍계훈을 해체된 훈련대의 총사령관으로 임명했고, 홍계훈은 광화문 앞에 도열 중인 훈련대에게 해산을 명령했으나 훈련대는 꿈쩍도 하지 않았다.

동이 트는 새벽, 일본 무사들이 급히 경복궁 담을 넘었다. 홍계훈은

일본 낭인의 칼에 찔려 죽고 말았다. 한편, 조선의 또 다른 중앙군인 시위대가 반란군이 된 훈련대를 막으려 하였으나, 시위대는 병력과 화력에서 훈련대의 상대가 되지 못했다. 훈련대가 시위대를 무력화시키는 사이, 일본 낭인 48명은 광화문에 들어섰다.

일본 낭인들은 경복궁 이곳저곳을 뛰어다니며 만나는 사람마다 닥치는 대로 목을 베었다. 그들은 궁녀들의 머리채를 잡고 흔들면서 민비의 행방을 물었고, 대답하지 못하면 바로 죽였다. 이 과정에서 동궁전 자선당에서 머무르던 조선의 세자가 일본 낭인들에게 머리채를 잡히고, 세자빈은 낭인들의 발길에 배를 걷어차이며 쓰러졌다. 세자와 세자빈은 강녕전에 몸을 숨긴 고종 앞으로 끌려왔다. 고종은 만신창이가 된 채 끌려온 아들과 며느리를 보고도 벌벌 떨기만 할 뿐이었다. 일국의 궁궐에 겨우 48명의 왜놈 칼잡이를 막을 병력조차 없는 비극적인 상황이었다.

낭인들은 조선의 왕비가 경복궁의 가장 안쪽 건청궁에 있다는 사실을 알아냈다. 민비는 건청궁 내 옥호루에서 궁녀복으로 갈아입은 다음 궁녀들 사이에 숨었다.

일본 낭인들이 민비를 어떻게 찾았는지 정확히 알 수 없다.

민비의 양녀였던 고무라 하루코가 민비를 가리켰다는 설과 훈련대 제2대대장 우범선이 민비를 지목했다는 설이 있는가 하면, 일본 낭인들이 민비의 사진을 들고 와서 궁녀의 얼굴 한 명 한 명과 대조했다는 설도 있다. 또 일본 낭인들이 모든 궁녀의 옷을 벗기고 젖가슴을 확인하여 출산 경험 유무를 가렸다는 설도 있다.

민비가 시해된 건청궁 옥호루

일본 낭인들이 궁녀들을 한 명씩 잡고 겁박했을 수도 있다.

"조선의 왕비가 누구인지 가리키면 목숨은 살려 주겠다."

민비는 궁녀들이 죽어 나가는 틈에 옥호루 건물을 뛰쳐나왔다가 자신을 쫓아온 낭인들의 칼에 등을 베인 것 같다. 칼이 아니라 당수에 이마를 맞고 죽었다는 주장도 있다. 그들은 이미 죽은 민비의 시신을 건청궁 옆 쪽문을 통해 녹산이라는 작은 숲으로 옮겼다. 그리고 민비의 옷을 벗기고 국부를 검사하는 등 민비의 시신을 능욕한 다음 미리 준비한 휘발유로 민비의 시신을 불태웠다.

민비의 뼈가 뿌려진 경복궁 향원지와 향원정

민비는 칼에 찔려 한 번, 능욕을 당하며 두 번, 불에 타 뼛가루가 되면서, 하룻밤 사이 세 번이나 죽었다. 일본 낭인들은 민비의 뼛가루를 경복궁 안에 있는 연못 향원지에 뿌렸다. 오늘날 경복궁을 방문하는 사람들은 향원지의 경치만 즐길 뿐 그곳에 민비의 뼛가루가 뿌려졌다는 사실은 알지 못한다.

한편, 반란군이 된 훈련대 제2대대장 우범선이 죽은 민비를 시간(시체를 겁탈)했다는 설도 있다. 우범선은 을미사변 직후 일본으로 도망갔고 일본으로부터 돈을 받고 호화롭게 살았다. 그러나 조선의 개화 관료였던 고영근이 일본까지 건너가서 기어코 우범선을 죽였다.

우범선의 아들이 씨 없는 수박으로 유명한 우장춘 박사다. 우장춘은 아버지가 저지른 만행에 사죄하는 마음으로 평생을 대한민국에 헌신

요즘 역사

우범선 가족(좌)과 우장춘 박사(우)

하며 살았다.

　자기 조상의 매국 행위를 정당화하는 친일파의 후손들은 선대의 만
행에 참회하는 마음으로 살아간 우장춘을 보며 반성하길 바란다. ●

민비가
우리 역사상 최악의
여인인 이유

세조의 비이자 성종의 할머니였던 정희왕후, 중종의 비이자 명종의
어머니였던 문정왕후, 영조의 비이자 정조의 의붓할머니였던 정순왕
후 모두 왕을 대리하여 수렴청정하거나 나랏일을 좌지우지한 여성들
이다. 그러나 이들은 중전이 아닌 왕의 어머니인 대비 시절에 권력을
행사했다. 조선왕조 500년 동안 민비만큼 권력을 탐한 중전은 있을지
언정, 민비만큼 재물을 탐하고 자기 집안의 권력 유지를 위해 혈안이
되었던 여인은 단연코 존재하지 않는다.

대원군 하야 이후 민비는 나라를 여흥 민씨의 세상으로 만들었다.
여흥 민씨의 탐학과 횡포는 조선 역사를 통틀어 비교할 대상이 없을
정도였다. 백성들의 분노로 인해 민비의 오빠 민승호와 민겸호가 그토
록 잔인한 죽음을 맞이한 것만 봐도 알 수 있다.

또한, 민비는 나랏돈을 자기의 쌈짓돈인 양 제멋대로 탕진한 왕비
였다.

세도정치기에 매관매직은 안동 김씨에 의해 자행됐지만, 이 시기 매
관매직의 주범은 고종과 민비였다. 500년 조선의 역사 중에 왕과 왕비

가 관직을 팔았던 유일한 시대가 이때였다. 이들은 그 와중에 구식 군인들의 월급을 떼어먹기까지 했다. 임오군란은 민씨정권의 부정부패와 개화정책에 반발하며 구식 군인이 들고일어난 사건이었다. 성난 구식 군인들과 빈민들의 구호는 다음과 같았다.

"민비를 잡아 죽여라."

한 나라의 중전을 잡아 죽이고자 나라의 군인과 백성이 손잡고 들고 일어난 사건은 임오군란뿐이다. 홍계훈의 등에 업혀 충청도로 도망을 간 민비는 고종과 연락을 취하며 살아남기 위해 청나라 군대를 조선으로 불러들였다.

김춘추와 김유신이 외세인 당나라 군대를 불러들여 고구려와 백제를 무너뜨린 것도 역사적으로 비판을 받건만, 민비는 단지 개인의 권력을 되찾고 싶다는 이유 하나만으로 외국의 군대를 자국으로 부른 희대의 여인이었다. 그렇게 들어온 청나라가 조선을 본격적으로 간섭하기 시작했으니, 민비는 겨우 자신의 왕비 자리를 되찾기 위해 조선을 청나라의 반식민지로 만들어버린 셈이었다.

민비의 요구로 조선에 들어온 청군 사령관 위안스카이는 지금의 용산에 터를 닦고 군대를 주둔시켰다. 용산의 청군 기지는 청일전쟁 이후 일본군의 주둔지가 되었고, 해방 이후 70여 년이 넘는 지금까지 미군이 주둔하고 있다. 우리 서울 한복판에 무려 140년 동안 외국 군대가 주둔하게 되는 단초를 제공한 사람이 바로 민비인 것이다.

민비는 나라를 청나라의 반식민지로 만든 것도 부족해 청나라가 흥선대원군을 납치하길 원했다. 청군은 대원군을 납치하여 청나라로 끌고 갔다. 일국의 권력자이자 왕의 아버지였던 대원군은 포승에 묶인 채 뱃멀미를 하며 짐승처럼 청나라로 끌려가야만 했다.

훗날 갑신정변을 성공시킨 김옥균은 청에 잡혀간 흥선대원군을 돌아오게 하자며 이를 반대하는 사람들에게 이렇게 말했다.

"난 안동 김씨요. 사사로이 대원군은 내 집안의 원수지만, 대원군은 우리나라 왕의 아버지인 국부요. 조선이 진정 자주국이라면 국부를 어찌 다른 나라에 볼모로 둘 수 있단 말이오."

개인의 권력을 위해 시아버지 대원군을 청나라에 팔아먹은 민비와 국가의 자존심을 세우기 위해 사적인 감정을 배제한 채 대원군을 돌려받으려 했던 김옥균. 우리는 과연 누구에게 정당성을 부여해야 하는가.

민비는 임오군란 당시 도망 중에 만난 진령군이라는 무당을 신처럼 받들고 살았다. 성리학 국가 조선의 궁궐을 무당이 마음껏 드나들었고, 그곳에서 굿판이 벌어졌다. 진령군의 권위는 하늘을 찔렀고, 무당의 결정으로 벼슬이 주어지기도 했다. 민비가 세자의 건강을 기원하며 금강산 1만 2천 봉마다 쌀을 뿌린 것 또한 진령군의 진언 때문이었다. 임오군란 이후부터 민비가 시해되기 전까지 조선의 서열은 고종 위에

진령군이 세운 북묘

민비가 있었고, 민비 위에 무당 진령군이 있었다.

또한, 민비는 외국인들의 환심을 사기 위해 나랏돈을 선심이라도 쓰듯 베풀었다. 1889년 언더우드Horace Grant Underwood 내외가 결혼할 때 축의금으로 건넨 100만 냥은 당시 조선의 귀중한 쌀 1,600톤에 해당하는 금액이었다.

갑신정변 때 칼을 맞고 죽을 뻔한 조카 민영익(민승호의 아들)을 살린 알렌은 조선에서 가장 많은 이득을 챙긴 외국인이다. 민영익은 알렌에

호러스 알렌과 연세대학교 내에 복원된 광혜원

게 우정의 표시로 10만 냥을 주었는데, 여흥 민씨 집안의 민영익이 그만큼의 개인 재산을 가지고 있었다는 것 자체도 문제였다. 조카 민영익을 살려 낸 알렌에 대한 민비의 특혜는 끝이 없었다.

"운산 광산 채굴권을 알렌에게 하사하라."

알렌은 민비의 한마디에 평안도 운산의 광산 채굴권을 받았고, 이를 또 다른 미국인에게 넘겨 막대한 이익을 챙겼다.

조선 노동자들이 운산 광산에서 채굴한 금을 훔칠까 봐 미국인들이 "No touch"라고 외친 것이 조선인 귀에는 "노다지"로 들렸다. 그래서 지금도 우리는 금을 노다지라고 부른다는 설이 있다.

동학농민운동의 4대 강령 중 4조의 내용이다.

"군대를 몰고 서울로 가 권세가를 죽이자."

동학교도와 농민들이 봉기한 배경 중 하나는 민비 일족에 대한 분노였다.

우리가 동학농민운동에 역사적 정당성을 부여한다면, 민비 일족을 지지할 수 없다. 동학농민군을 관군의 힘만으로 진압할 수 없자, 고종과 민비는 또다시 청나라에 군대를 요청했다. 자국의 농민들을 진압하고자 외국 군대를 불러들인 것이다.

민비가 청나라 군대를 부르자, 동학농민군들은 이렇게 말했을 것이다.

"민비. 이 찢어 죽여도 시원찮을 년."

청나라 군대가 조선에 들어오게 되면, 청나라와 일본이 체결한 텐진조약에 따라 일본의 군대마저 한반도를 향해 출병할 수 있다는 것을 민비는 몰랐을까?

물론, 고종과 민비는 텐진조약의 내용을 알고 있었다. 다만, 그들은 청나라가 일본에 패배할 일은 없다고 생각했다. 문제는 청나라와 일본이 우리 땅에서 전쟁을 벌였을 때 백성들이 겪어야 할 고통을 외면했다는 것이다.

고종과 민비 때문에 전장은 끝내 한반도가 됐다.

당시 백성들은 전쟁의 공포에 치를 떨었다. 청군에 소속된 조선군과 일본군에 소속된 조선군이 자국의 이익과는 전혀 상관없는 전쟁에서 얼마나 죽었는지 생각해 보라.

청일전쟁에서 일본이 승리하며 굳게 믿었던 청나라가 패배하자, 민비는 자신이 의지할 새로운 나라를 찾았다. 삼국간섭을 주도하며 일본을 압박하는 러시아였다. 만약 러일전쟁(1904)에서 러시아가 일본에 승리했더라면 우리는 러시아, 즉 소련의 위성국 일부였다가 소련의 붕괴(1991) 이후에야 독립했을지도 모를 일이다. 그랬다면 민비는 나라를 러시아에 넘긴 매국노로 평가받았을 것이다. 러일전쟁에서 일본이 이겼기에 민비는 매국노에서 벗어날 수 있었다.

민비는 분명 보통 여자가 아니었다.

나라의 군인과 서울의 빈민이 자신을 축출하고자 들고일어난 임오군란과 급진개화파의 쿠데타 갑신정변을 경험했으며, 전국 각지 동학농민들의 주적이 되었음에도 그녀는 여전히 무소불위의 권력을 휘두른 조선의 중전이었다. 을미사변으로 죽임을 당하기 전까지 말이다.

"민비는 조선 최악의 여인이었는데, 일본이 대신 죽였으니 차라리 잘된 일 아닌가?"

이렇게 말하는 사람들에게 반문하고 싶다.

"당신의 어머니가 문제를 일으켰다는 이유 하나만으로 당신의 친구가 당신의 어머니를 때린다면, 당신은 친구를 용서할 수 있겠는가?"

어찌 되었든 민비는 조선의 국모였다. 국가보다는 자신의 권력을, 민리민복民利民福보다는 자신 일족의 안위를 먼저 챙기기에 바빴던 국모였을지라도, 그녀를 끌어내리고 혼쭐을 내는 것은 조선 백성들의 몫이어야 했다.

을미사변은 그저 한 여인의 죽음이 아닌, 조선의 자존심에 상처를 낸 커다란 사건이었다. 당시 기개 있다던 조선의 선비들은 왜 을미사변의 복수를 위해 왜왕의 부인을 죽이려는 시도조차 하지 못했을까?

일본 수도 도쿄에 있는 에도성을 방문한 적이 있다. 그곳에는 왜왕 내외가 산다. 그 에도성의 담을 넘어가는 한국인과 한국인에게 끌려나오는 왜왕 내외의 모습을 상상해 본 적이 있다. ●

14

왕이 자신의 궁궐에서 도망치다

을미개혁(1895년)과 아관파천(1896년)

14

을미사변으로 다시 세워진 친일 내각의 총리는 역시 김홍집이었다. 인생은 김홍집처럼.

김홍집 친일 내각은 제3차 갑오개혁, 즉 을미개혁을 발표했다.

을미개혁의 결과, 태양력이 실시됐다. 양력이 시행되자 1895년 11월 17일은 갑자기 1896년 1월 1일로 바뀌었고, 민족의 대명절 설날이 사라졌다. 또한, 소학교가 세워지고 근대적 우편 사무와 종두법도 시행됐다.

그리고 단발령이 선포됐다. 상투를 금지하는 단발령에 조선인들은 역정을 냈다.

"차라리 목을 자를지언정 머리카락은 자를 수 없다."

유생을 비롯한 백성들의 반발에도 단발령이 시행되자, 각지에서는 의병이 봉기하기 시작했다(1895, 을미의병).

한편, 고종은 두려웠다. 민비를 시해한 일본이 자신과 아들을 언제

죽일지 몰라 전전긍긍했다. 고
종의 불안을 느낀 정동구락부
(정동파, 조선 지식인들과 구미인들
의 사교단체)와 일부 반일 관료들
은 고종을 미국공사관으로 파천
시키기 위한 계획을 세웠다. 윤
치호·이완용·알렌·언더우드·
헐버트 등은 800명의 병력을 모
았다. 이들은 경복궁에 있는 고
종을 구출하려다가 춘생문 근처
에서 일본군과 총격전을 벌였
다. 결국 고종을 옮기기 위한 작

단발령으로 상투를 자르는 모습

전은 실패했다(1895.10, 춘생문 사건).

　그러나 이완용을 비롯한 정동파는 포기하지 않았다. 그들은 새벽을
틈타 고종을 가마에 태우고 조용히 경복궁을 빠져나왔다. 경복궁을 수
비하는 일본군은 일국의 왕이 호위 병력과 내시 한 명도 없이 여인들
이 타는 가마 속에 숨어 경복궁을 탈출하리라고는 꿈에도 생각하지 못
했다. 일본군은 허를 찔린 셈이었다. 이렇게 정동파는 고종을 러시아
공사관으로 피신시키는 데 성공했다(1896.2, 아관파천).

　아관파천 이후 고종은 을미개혁과 단발령 중단을 선언했다. 그리고
단발령 시행과 친일 내각을 이끈 김홍집에 대한 척살령을 내렸다. 고

러시아공사관

종의 명령에 따라 백성들이 광화문에 모였다. 자신을 처단하기 위해 백성들이 모였으니 빨리 피신하라는 주변 사람들의 만류에도 김홍집은 이렇게 말했다.

"일국의 총리대신으로서 백성에게 죽는 것은 천명이다. 일본군의 도움을 받으면서 살고 싶지는 않다."

당당하게 광화문을 걸어 나오던 김홍집은 결국 백성들에게 맞아 죽었다. 김홍집의 죽음과 함께 사실상 을미개혁은 중단됐다.

청일전쟁(1894)과 아관파천(1896)은 국제 사회에서 조선이라는 나라를 바보로 만들기에 충분했다. 궁궐은 일본군에게 점령당하고 국왕이라는 자는 제3국의 공사관으로 피신하였으니, 서양 열강들이 볼 때 조선은 이것저것 빼먹기 딱 좋은 나라였다. 특히, 자신의 공사관에 고종을 보호하게 된 러시아는 조선의 이권 탈취에 있어서 선두를 차지했다.

고종의 아관파천에 대한 국제 여론은 결코 좋지 않았다. 러시아를 제외한 세계 모든 나라와 도성의 민중들이 고종의 환궁을 요구했다.

그러나 고종은 무려 1년 이상을 러시아공사관에서 편히 발을 뻗고 잠을 잤다. 대내외적으로 국격을 추락시킨 장본인에게 그 1년은 가장 마음 편한 시간이었다. ●

15

민중이 무지하니 민중을 계몽한다

독립협회 (1896-1898년)

15

서재필

1896년 고종은 경복궁을 떠나 러시아공사관으로 몸을 피했다. 자신의 궁궐에서 사는 것이 두려웠던 왕은 결국 남의 나라에 몸을 의탁했다.

고종의 아관파천으로 나라의 위신은 추락했다. 주변 열강들은 조선을 주인 없는 먹잇감으로 바라봤고 조선의 이권을 본격적으로 침탈하기 시작했다.

조선에서 김홍집과 함께 연립내각을 형성하고 제2차 갑오개혁을 추진하던 박영효는 갑신정변의 동기이자 미국 시민이 된 서재필의 도

영은문을 허물고 만든 독립문과 모화관을 허물고 만든 독립관

움이 필요했다. 박영효는 서재필을 조선으로 불렀다.

서재필은 조선행을 거절했다. 갑신정변 이후 반역자라는 낙인이 찍히고 온 가족이 몰살당한 것이 불과 10여 년 전이었다. 그러나 박영효는 끈질기게 귀국을 종용했고, 결국 서재필은 조선행을 결심했다. 조선으로 돌아오는 서재필의 마음도 복잡했을 것이다.

조선에 도착한 서재필이 가장 먼저 한 일은 독립문 건립이었다. 서대문 근처에는 사대를 상징하는 영은문(중국 사신이 오면 맞이하는 문)과 모화관(중국 사신을 접대하는 곳)이 있었다. 서재필은 영은문을 허물고 (청일전쟁 중에 이미 허물어졌다는 게 정설이다) 파리의 개선문을 본뜬 독립문을 건립하고자 했다. 마침 정동파가 서재필에게 호의를 보였고, 고종 또한 긍정적으로 반응했다.

서재필은 독립문 건립의 홍보와 기금 마련을 위해 독립신문을 발행했다(1896.4.). 독립신문은 최초의 민간 신문이자 순 한글 신문이었다. 신문에는 독립문 건립에 관한 비용 기부자 명단을 게재했다. 기부금 510원 가운데 100원은 이완용이 냈다.

이어서 서재필은 독립문을 만들기 위한 조직으로 독립협회를 설립하고(1896.7.), 독립협회의 고문이 됐다. 독립협회에는 개화 인사 남궁억·이상재·친미 관료 박정양·친러 관료 이완용 등이 동참했다. 여러 명의 학생과 군인, 심지어 기생까지 독립문 건립에 기금을 보태며 모두가 독립협회 회원이 됐다.

독립협회가 무엇을 위한 단체냐고 묻는다면, 이렇게 답하면 된다.

"민중 계몽"

갑신정변이 실패한 원인 중 하나는 민중의 지지를 받지 못했기 때문이었다. 갑신정변은 토지개혁을 제시하지 못한 위로부터의 개혁이었다. 정변을 일으킨 급진개화파는 너무 젊었고, 또 일본을 등에 업었기에 민중의 지지를 받기 쉽지 않았다.

그러나 갑신정변의 당사자였던 서재필의 생각은 달랐다. 그는 자신을 비롯한 급진개화파가 민중의 지지를 받지 못한 이유를 '민중의 무지'에서 찾았다. 서재필은 민중의 계몽을 최우선 과제로 삼고, 여성들의 교육에도 큰 관심을 기울였다.

독립협회가 개최한 수많은 토론회도 민중계몽의 일환이었다. 토론의 주요 주제는 조선의 자주독립·서구의 계몽사상·교육·의회 설립

등이었다.

1897년으로 들어서자, 독립협회는 정치적 목소리를 내기 시작했다.

"임금은 우리 궁궐로 돌아오라."

고종은 아관파천 1년 만에 러시아공사관에서 경운궁(덕수궁)으로 돌아와 황제국가 대한제국의 수립을 선포했다(1897). 대한제국의 보수 관료들은 서재필과 독립협회에 비판적 자세를 취했다. 심지어 독립협회 회원들을 잡아들이기도 했다.

이에 대한 반발로 독립협회가 민중대회를 개최하니, 수많은 시민이 종로에 모이는 만민공동회가 열렸다(1898). 만민공동회는 열강의 이권 침탈을 규탄하고 민권의 신장을 요구했다.

"우리에게 신체 자유권을 달라!"
"황제 옆에 있는 보수 관료들은 퇴진하라!"
"러시아 고문은 물러가고 절영도 조차 요구를 중단하라!"

만민공동회의 이권수호운동은 큰 역할을 했다. 이 무렵, 러시아는 부산 앞바다의 절영도를 조차(나라의 영토 일부를 빌리는 것)하여 저탄소(석탄 저장고)를 설치함으로써 향후 일본과의 해전에 대비하려 했다. 그러나 만민공동회가 조성한 반대 여론 때문에 절영도 조차는 무산됐다.

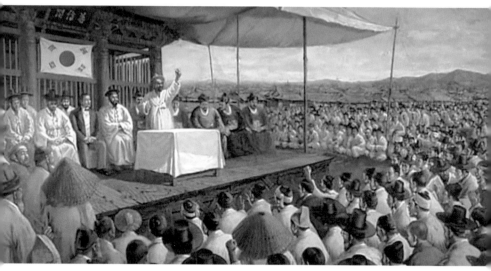

만민공동회에서 연설하는 백정 박성춘

　　만민공동회는 대한제국의 황제 고종까지 압박했다. 고종은 이미 형성된 여론을 의식하여 독립협회를 비판한 보수 관료들의 사직서를 받아 냈다. 그리고 독립협회 회원이었던 박정양을 새롭게 총리로 임명했다. 이후 대한제국의 총리 박정양과 조정 대신들이 함께 만민공동회에 참여하니, 만민공동회는 관官과 민民이 함께하는 관민공동회가 됐다.

　　관민공동회에서는 백정 박성춘이 대표로 연설하기도 했다.

　　"나는 조선에서 가장 천하고 몰지각한 백정이올시다."

　　관민공동회는 헌의 6조를 발표하고 의회 설립을 추진했다. 의회는

요즘 역사

곧 입헌군주제를 의미하는 것이며, 이는 전제군주제를 표방한 대한제국의 정체성을 흔드는 주장이었다. 그럼에도 고종은 이를 받아들였다.

독립협회 회원 중 선거권을 가진 27세 이상의 남자들이 50명의 의원 중에 25명을 선출하고, 나머지 의원 25명은 고종이 임명하기로 했다.

우리 역사상 최초의 의회 설립이 얼마 남지 않은 시점에, 고종 앞으로 편지가 한 통 전달됐다. 누가 썼는지 알 수 없는 익명의 편지였다 (1898, 익명서 사건).

"의회가 설립되면 의회에서 박정양을 대통령으로, 윤치호를 부통령으로 선출할 것이다."

의회에서 대통령을 선출한다는 것은 왕이 없는 세상, 즉 공화정을 추진하겠다는 뜻이었다. 깜짝 놀란 고종은 의회 설립은 물론이거니와 독립협회까지 없애기로 마음먹었다.

고종은 아버지 대원군이 정치적으로 보부상을 잘 이용했듯이, 자신 또한 보부상을 데리고 황국협회라는 정치적 어용단체를 조직했다 (1898). 고종의 명을 받은 황국협회가 대한제국의 군대와 함께 만민공동회를 습격한 결과, 독립협회는 해체되고 말았다(1898.12.).

민중계몽을 목적으로 한 독립협회가 의회가 설립되기 직전에 해체된 것은 역사적 퇴행이었다. 만약 1898년에 대한제국의 의회가 설립됐다면, 우리 의회의 역사는 50년 앞당겨졌을 것이다. ●

서재필은
국립묘지에 묻힐
자격이 있는가?

사람들은 서재필에 대해 이렇게 알고 있다.

개화파로서 젊은 나이에 갑신정변의 주역이 되었고, 훗날 민중을 계몽하기 위해 독립협회를 창설하고 독립문까지 건립하면서 조선에 독립 의지를 불어넣으려다가, 수구 세력의 공격으로 독립협회가 무너짐과 동시에 미국으로 건너간 인물. 그 후 미국에서 독립운동을 가열하게 전개하다가, 해방 후 귀국하여 미군정의 계획대로 대한민국의 대통령이 될 수도 있었지만, 이승만의 견제로 또다시 미국으로 돌아가 삶을 마감한 우리 근대사에 한 획을 그은 인물.

과연 사실일까?

서재필은 유복한 집안 출신으로 19살이라는 나이에 과거 시험에 최연소로 합격하는 천재성을 보였다. 이를 눈여겨본 김옥균이 그를 일본 사관학교로 유학을 보냈다. 문무를 갖춘 서재필은 훗날 조선을 이끌어나갈 동량임이 분명했다.

서재필은 갑신정변 당시 선봉장으로 활약하면서 조선의 젊은 사관생도를 이끌었다. 정변이 성공하자, 어린 나이에 지금의 국방부 차관급인 병조참판까지 역임하게 되면서 그의 인생은 탄탄대로처럼 보였다. 그러나 갑신정변은 3일 만에 실패로 끝났고, 서재필은 나락으로 떨어졌다.

서재필의 집안은 소위 멸문지화를 당했다. 그의 부모와 형제 대부분이 자결했으며, 아내 역시 두 살 난 갓난아이를 남긴 채 자결했다. 홀로 남은 서재필의 갓난아이는 그 누구도 젖을 물리지 않아 이내 굶어 죽었다.

서재필은 김옥균, 박영효 등과 함께 일본공사관에 숨어 있다가 배를 타고 간신히 일본으로 망명했다. 가족을 사지에 두고 홀로 살아남은 셈이다. 혼자 살아 있는 삶이라고 편했을까? 더구나 조선은 계속해서 일본으로 자객을 보냈고, 일본은 이용 가치가 사라진 서재필의 안전을 보장해 주지 않았다.

결국 서재필은 또 다른 갑신정변의 주역 박영효, 서광범과 미국으로 건너갔다. 박영효는 미국 생활에 실패하여 일본으로 돌아갔지만, 서재필은 끝까지 미국에서 생활을 이어 나갔다. 작은 교회에서 궂은일을 도맡아 하며 영어를 익혔고, 남은 시간을 쪼개 열심히 공부했다. 조선에서 과거 시험까지 합격한 서재필이 미국이라 한들 패스하지 못할 시험은 없었다.

서재필은 조지워싱턴대학(당시 코크란대학)에서 의학을 공부하고, 우리나라 최초로 서양 의학 학위를 취득한다. 혹자는 서재필을 조선 최초의 서양 박사 학위 소유자라고 하지만, 사실 서재필은 박사 학위를

뮤리엘 암스트롱과 서재필

받은 적이 없다. 단지 의사 면허만 받았을 뿐이다.

그래도 미국에서 시민권까지 획득하고 의사가 되었으니, 그는 낯선 이국땅에서 성공한 셈이었다.

서재필에게 날개를 달아 준 것은 미국 여인과의 결혼이었다. 어느 날, 그가 불량배에게 희롱을 당하던 뮤리엘 메리 암스트롱Muriel Mary Armstrong이란 여인을 구하면서 둘의 인연은 시작됐다.

조선의 사관생도들을 이끌며 갑신정변을 주도했을 정도로 무력이 상당했던 서재필에게 서양의 불량배 제압쯤은 간단한 일이었다. 뮤리엘은 자신을 구한 서재필에게 첫눈에 반했고, 이러한 인연으로 서재필은 뮤리엘의 가정 교사를 맡게 된다. 이 과정 중에 서로 사랑이 싹튼 서재필과 뮤리엘은 결혼에 이르렀다.

서재필의 부인 뮤리엘은 무려 당시 미국 대통령의 집안사람이었다. 미국 철도 우편국의 창시자였던 뮤리엘의 아버지는 미국 대통령 제임스 뷰캐넌James Buchanan의 사촌이었다. 그 당시 아시아의 조선이라는 나라를 알고 있는 미국인은 많지 않았다. 동양인은 그저 '옐로우몽키'라는 원숭이 취급을 받던 시기였다. 실제로 서재필과 뮤리엘의 결혼은 미국 신문에 실릴 정도로 파격적이었다.

이렇게 미국 내 백인 주류 사회에 성공적으로 편입한 서재필은 필립 제이슨Philip Jaisohn으로 개명한 뒤 철저하게 미국인으로서의 삶을 살아갔다.

한편, 조선에서는 서재필의 갑신정변 동지이자, 일본 망명과 미국 유학을 함께했던 박영효가 일본의 비호 아래 제2차 갑오개혁을 추진 중이었다. 박영효는 서재필에게 조선 귀국을 요청했다. 박영효는 미국 사회의 선진 시스템을 경험한 서재필이 필요했다. 그러나 미국에서의 안락한 생활을 포기할 수 없던 서재필은 박영효의 요청을 거부했다.

이후 러시아의 삼국간섭(1895)으로 친러내각이 세워지면서 실각한 박영효가 미국을 방문했다. 그는 서재필에게 조선 귀국을 종용하며 민비가 시해됐다는 소식을 알렸다. 서재필의 마음은 급변한다. 아마도 그의 마음 깊은 곳에 자신을 죽이기 위해 끊임없이 자객을 보낸 민비에 대한 두려움이 있었던 것 같다.

박영효의 끈질긴 설득으로 조선행을 결심한 서재필은 우선 자신은 조선인이 아닌 미국 시민권자 필립 제이슨으로서 귀국함을 명확히 밝혔다. 미국 시민권자로도 부족했는지, 그는 미국에서 출발할 때부터 사설 경호원을 대동하여 조선으로 향했다.

조선땅을 밟은 서재필은 고종과 만났다.

"서재필 박사 드시옵니다."

"들라 하라."

서재필은 고종을 빤히 쳐다보며 뚜벅뚜벅 걸어가 왕에게 손을 내밀었다. 한때 서로 칼을 겨눈 사이지만 그래도 자신에게 엎드려 절을 하며 예의를 보일 것을 예상한 고종은 당황했다. 서재필이 고종에게 말했다.

"How are you?"

영어였다. 통역관이 고종에게 그의 말을 통역했다.

서재필은 고종뿐만 아니라 조선인 어느 사람과도 조선말로 대화하지 않았다. 오죽하면 『윤치호 일기』에 이런 글이 실렸을까.

"내가 알기로 서재필은 명석한 두뇌의 소유자인데, 어찌 타국 생활 몇 년 만에 모국의 말을 까먹었단 말인가?"

또한, 서재필은 조선인을 향해 "You, Korean."이라고 표현했다. 독립문 건립 기금 모집이 한창이던 때, 서명란에 이름을 적는 서재필에게 미국 이름이 아닌 조선 이름을 사용할 것을 권유하자 서재필은 자신의 이름을 '피재손'으로 기록했다.

미국인 서재필은 조선인 누구에게나 고자세로 대했다. 조선의 고위 관료와 나이 많은 조선인들은 젊은 미국인 서재필의 건방짐에 화가 났을 것이다.

가족을 몰살한 조국을 향해 애국심을 강요할 수는 없다. 게다가 이제 서재필은 조선인이 아니었다. 서재필의 심정을 백번 이해한다손 치더라도, 서재필의 마음 깊은 곳에는 자신이 태어난 나라 조선을 사랑하는 마음이 털끝만큼도 없어 보였다.

서재필의 큰 오점은 따로 있다. 부유한 나라 미국 국적의 서재필이 가난한 나라 자신의 모국 조선에서 너무 큰 돈 욕심을 낸 것이다. 독립협회의 고문 자리를 받아들여 10년을 계약한 서재필은 독립협회가 문을 닫게 될 위기에 처하자, 남은 7년 10개월의 급료를 지급하지 않으면 사퇴하지 않겠다고 버텼다.

황국협회까지 만들어 독립협회를 해산시키려 한 고종은 그깟 돈이 대수냐며 서재필의 남은 임기만큼의 급료를 모두 지급하였으니, 지금 돈으로 30억쯤이었다고 한다.

『윤치호 일기』에 이런 내용이 있다.

"만일 봉급을 두 배로 올려 주었다면, 서재필은 조선에 남아 있을 생각도 있었다."

이렇게 남은 임기 동안의 급료를 기어이 받아 챙긴 서재필이 조선을 떠나려 하자, 독립협회 회원들이 그의 앞을 막아섰다.

"선생님, 우리를 버리고 어디로 가신단 말입니까?"

서재필은 이렇게 말했다.

"귀국의 일은 귀국민들이 해결하시오."

조선이 추방하기도 전에 서재필은 스스로 조선을 떠났다. 많은 돈을 챙긴 채.

요즘 역사가들이 서재필에 대해 비판의식을 갖는 이유는 일제강점기 당시 서재필의 행태 때문이다. 그는 모국이었던 조선이 일본의 식민통치를 겪는 동안 미국에서 호의호식하며 지냈을 뿐, 독립운동과는 거리가 먼 생활을 했다.

서재필 밑에서 독립협회 활동을 하다가 미국에서 좋은 학벌과 스펙을 쌓고 임시정부 대통령까지 된 이승만을 생각할 때, 만약 서재필이 독립운동에 투신했다면, 그만큼의 인지도와 스펙을 가진 조선인은 없었기에 서재필이 독립운동가 최고 지도자의 위치에 올랐을 것으로 생각된다.

그럼에도 일제강점기 그 어떤 독립운동단체에서도 서재필을 지도자로 추대하지 않은 것을 보면, 서재필이 미국에서 어떻게 살았을지 짐작할 수 있다.

서재필은 일본의 식민지로 전락한 조선을 안타까워하기는커녕 미국의 아시아 식민지 경영에 대해 적극적인 지지를 표했다. 3·1운동 직후 필라델피아에서 열린 한인연합대회(1919)에서는 애국가가 아닌 미국 국가를 부를 것을 주장하기도 했다. 서재필이 임시정부의 대미 외교고문 역할을 하거나 국제회의에 참석하여 독립을 청원하는 등의 행위는 어디까지나 형식적이었다. 서재필은 대한의 독립을 위해 결코 자기희생을 하지 않았다.

혹자는 서재필이 재산을 모두 독립운동 자금으로 쓰느라 탕진했다는 말도 안 되는 주장을 한다. 미국으로 돌아간 서재필은 조선에서 번 돈으로 사업을 시작해 '필립 제이슨 상회'를 열었다. 미국을 강타한 경제 대공황의 여파로 사업에 실패했을 뿐이다.

해방 후 미군정 일부에서 대통령 후보로 서재필을 거론했다. 그는 고령이 되어 다시 모국 땅을 밟았다. 그러나 이미 우리말이 서툴러져 의사소통이 전혀 되지 않았다. 얼마나 한국인과 접촉 없는 삶을 살았는지 가늠이 될 정도였다.

고령이기도 했고 이승만의 견제도 있었지만, 무엇보다 한반도에서 대통령이 되려면 서재필은 미국 국적을 포기해야 했다. 그럴 수 없었던 서재필은 다시 미국으로 돌아갔다. 서재필은 한국 국적을 회복하고 자신이 태어난 곳에서 여생을 보내는 대신, 미국 시민으로서 미국땅에 묻히는 것을 선택했다.

1951년 서재필은 88세의 나이로 미국 필라델피아에서 눈을 감았다. 이후 미국에서 돌보는 이 없이 방치된 서재필의 묘소가 한국 뉴스에

동작동 국립묘지의 서재필 묘와 양화진 외국인 묘역

나오자, 여러 기독교단체가 그의 유해 송환을 주도했다. 미국에서 한국으로 건너온 서재필의 유해가 서울 동작동 국립묘지 현충원에 안장되려는 순간, 한국의 역사가들은 현충원의 정문을 막아섰다.

서재필의 삶의 행적이 우리 국립묘지에 묻힐 만한 것인지는 해석에 따라 차이가 있을 것이다. 그러나 분명한 것은 서재필은 삶의 대부분을 한국인이 아니라 미국인으로 살았다는 것이다.

법적으로 외국인은 우리나라 국립묘지에 묻힐 수 없다. 서울 양화진에는 외국인 묘역이 있다. 이곳에는 우리의 독립을 위해 힘쓴 헐버트와 베델 그리고 우리의 교육에 힘쓴 언더우드나 아펜젤러 등이 묻혀있다. 서재필은 동작동이 아닌 양화진에 묻혀야 했다. ●

16

가장 힘없는 시기에 황제국가가 탄생하다

대한제국
(1897-1910년)

16

고종황제

고종이 러시아공사관에 몸을 의탁하자 독립협회를 비롯한 조선의 민중들은 고종의 환궁을 요구했다. 러시아를 제외한 서구 열강들 또한 조선의 왕이 러시아공사관에서 나오기를 바랐다. 그들의 바람을 듣기라도 한 듯, 고종은 아관파천 1년 만에 돌아왔다 (1897).

고종이 돌아온 곳은 경복궁이 아니었다. 고종은 일본공사관과 가까운 경복궁이 두려워 경운궁(덕수궁)으로 환궁했다. 경운궁은 러시아공사관과 가까웠으며, 다른 서양의 공사관과도 지척이었다.

환구단과 황궁우·현재의 황궁우

환궁한 고종은 황제가 하늘에 제사를 지내는 환구단(원구단)을 만들었다. 앞서 세조 때 원구단이 잠깐 세워지긴 하였으나 일시적이었고, 중국에 사대하는 조선에서 원구단 건립은 꿈도 꾸기 어려웠다.

고종은 원구단에서 황제 즉위식을 단행했다. 명에게 250년, 청에게 250년을 사대하며 감히 황제국을 꿈꾸지 못한 조선이 황제국을 선포한 것이다. 연호는 '광무'로 정했다. 고종은 조선의 군주 중에서 최초로 황제가 됐다.

"대한제국은 자주독립 국가이다."

"대한국의 정치는 전제정치이고, 대한국 대황제는 무한한 군권을 가진다."

1897년 대한제국을 수립하고 황제가 된 고종은 전제군주제 국가를 표방했다. 또, 대한제국의 헌법이라고 할 수 있는 대한국국제를 반포하여(1899) 황제권의 무한함을 강조했다.

아이러니하다. 조선 역사를 통틀어 가장 힘없고 외세에 흔들렸던 시기에 조선은 황제국가인 대한제국으로 변모했다. 게다가 조선의 군주 중 선조, 인조와 더불어 최악의 암군이라 할 수 있는 고종이 최초의 황제가 됐다.

대한제국의 개혁을 광무개혁이라 한다.

대한제국은 개혁의 방침을 '구본신참舊本新參'으로 정했다. 구본신참이란 '옛것을 근본으로 하고 새로운 것을 참조한다'라는 뜻으로 1880년대 온건개화파가 주장한 '동도서기'와 맥락을 같이 한다.

대한제국은 정치적으로 한청통상조약을 체결하며(1899) 청과 대등함을 보였다. 또한, 연해주에는 해삼위 통상사무관을(1900), 간도에는 간도 관리사 이범윤을(1903) 각각 파견하기도 했다.

경제적으로는 식산흥업정책이 시행되어 근대적 회사와 은행 및 공장이 세워졌다. 그리고 최초의 근대적 토지 소유 증명서라고 할 수 있는 지계를 발급했는데, 외국인들은 지계를 발급받을 수 없었다. 이 밖에도 황실 소유의 재산을 관리하는 내장원의 힘을 키우고, 그곳에서 광산과 홍삼 등 전매사업을 운영했다.

사회적으로는 상업학교와 기술학교 등 근대적 학교가 많이 만들어졌다. 군사적으로는 원수부를 설치하여 황제의 군권을 강화하고, 무관학교를 설립하기도 했다. 중앙군은 기존의 친위대 외에 시위대를 별도로 설치하고, 지방군 진위대의 수를 늘렸다.

　대한제국의 광무개혁은 정치·군사적 측면에서 복고적인 성격을 보였으나, 사회·경제적 측면에서는 상당히 긍정적인 개혁을 추진했다. 대한제국 수립(1897) 이후 을사늑약(1905)이 체결되기 전까지 한반도에 주어진 8년이라는 시간은, 대한제국을 둘러싼 일본과 러시아의 팽팽한 기 싸움이 가져다준, 마지막 기회의 시간이었을 수도 있다.

　그러나 일본이 러일전쟁(1904)에서 승리하면서 일본의 대한제국 침략은 본격화되었고, 대한제국의 광무개혁은 사실상 중단됐다.

　오늘날 사람들은 대한제국의 13년이라는 기간을 단지 조선에서 일제강점기로 넘어가는 과도기로 바라본다. 황제국가를 표방하며 황제국을 선포한 광무제는 그저 고종으로 불릴 뿐이다.

　그러나 우리는 조선 그리고 고종이 식민지배에서 살아남고자 최소한의 발버둥을 쳤다는 사실을 기억하면서 대한제국을 바라보아야 할 것이다. ●

17

나라 빼앗기는 게 오죽 싫었으면 총을 들었을까

항일의병운동 (1895/1905/1907년)

17

조선은 성리학의 나라였다. 다만, 신채호의 표현을 빌리자면 조선을 위한 성리학이 아닌 성리학을 위한 조선이었다.

조선의 지배층이라 할 수 있는 선비들은 성리학적 가치관 아래 중국 중심의 세계관, 즉 존화주의에 매몰되어 살았다. 케케묵은 신분제도, 허례허식에 빠져 있는 제사 문화, 기술에 대한 천시는 국가의 부국강병을 가로막았다. 그럼에도 시간이 지날수록 성리학의 권위는 절대화됐다. 성리학을 반대하거나 비판한 사람은 사문난적(유학을 어지럽히는 적)으로 몰릴 정도였다.

19세기에 이르러 조선은 서세동점이라는 새로운 시대를 맞이하지만, 양반 유생들은 여전히 위정척사衛正斥邪사상을 버리지 못했다.

1860년대에 접어들면서 위정척사운동은 통상수교거부운동으로 전개됐다.

"바다를 건너 들어오는 서양 오랑캐를 물리치소서."

이항로의 척화주전론斥和主戰論은 흥선대원군의 통상수교거부정책에 힘을 실어 주었다.

1870년대에 위정척사운동은 개항반대운동으로 전개됐다.

"서양 오랑캐의 풍습을 받아들인 일본은 서양이나 다름없다."

최익현은 왜양일체론倭洋一體論을 펴며 강화도조약을 신랄하게 비판했다.

1880년대에 위정척사운동은 개화반대운동으로 전개됐다.

"러시아를 막자고 미국을 불러들인다니, 러시아가 책임을 물면 어찌한단 말이오."

이만손을 필두로 영남의 유생 만 명이 개화를 반대하며 『조선책략』의 유포와 미국과의 수교를 반대하는 내용의 상소를 올렸다. 이를 영남만인소 사건이라 한다(1881).

1890년대 이후 위정척사운동은 항일의병운동으로 계승된다. 항일의병운동은 주로 유생들이 주도했다.
1895년 민비가 시해되는 을미사변이 발생하고, 단발령이 시행됨에 따라 을미의병이 일어났다.

충북 제천에서 거병한 유인석, 강원도 춘천에서 거병한 이소응, 경북 김천에서 거병한 허위, 전남 장성에서 거병한 기우만 등은 나라를 위해 목숨을 걸고 나섰다. 이들은 존경받아 마땅하지만, 아쉽게도 유생이라는 한계를 극복하지 못했다. 유인석은 자신 휘하의 평민 의병장 김백선에게 군기문란죄를 물어 그를 처형했다. 김백선이 군사 작전 문제로 불만을 품고 자신에게 대들었다는 이유였다.

한편, 이관파천으로 러시아공사관에 머물던 고종은 을미의병에게 해산을 권고하는 조칙을 내렸다.

"의병들은 무기를 내려놓고 고향으로 돌아가 생업에 종사하라."

왕이 내린 해산 권고 명령에 충忠을 중시하던 유생의병장들이 병력을 해산시키니, 유생이라는 그들의 한계점이 여실히 드러났다. 반면, 평민 출신 의병들은 해산을 거부하고 활빈당이나 영학당 같은 조직을 만들었다. 평민을 중심으로 조직된 이들은 꾸준히 항일 활동을 이어 나갔다.

1905년, 을사늑약이 강제로 체결되자 을사의병이 일어났다. 을사의병장은 전북 태인의 최익현, 충남 홍주의 민종식, 경북 영해의 신돌석이었다.

최익현은 전북 순창까지 점령했지만, 관군과 대치하게 되자 임금의

을사의병장 최익현과 신돌석

군대와 싸울 수 없다며 스스로 사로잡혔다. 그리고 일본 쓰시마섬에 끌려가 단식을 한 끝에 후유증으로 죽었다.

민종식 역시 홍주성을 점령했지만, 일본군의 기습으로 패한 뒤 친일 단체 일진회의 신고로 체포당한다. 다행히도 그는 왕실의 외척이라 하여 사형을 피하는 대신 진도로 유배됐다. 민종식은 민비의 집안사람이었다. 여흥 민씨 중에서도 이렇게 훌륭한 분이 계셨다.

신돌석은 평민 출신 의병장이었다. 태백산 호랑이로 불리기도 한 그는 일본군이 두려워하는 존재였다. 그러나 신돌석은 현상금에 눈이 먼 옛 부하의 배신으로 어이없게 죽고 만다.

1907년 7월, 고종이 강제 퇴위를 당했다. 이어서 순종의 조칙으로 대한제국의 군대는 해산이 결정됐다. 비가 쏟아지는 와중에 해산식에 참여한 중앙군 시위대 1,812명은 눈물을 흘리며 모자와 견장을 반납했다.

같은 시각, 시위대 대대장 박승환은 군대 해산을 반대하며 권총으로 자결한다. 그의 자결 소식이 알려지자, 시위대는 무기를 환수하는 일본인 교관에게 총을 쏘면서 전투를 시작했다.

남대문 앞에서 대한제국의 시위대가 기관포로 무장한 일본군과 두 시간 이상 치열한 전투를 치렀으니, 이를 남대문전투라고 한다 (1907.8.). 이 전투에서 무기와 병력의 열세로 많은 시위대 군인들이 죽었다. 남대문 근처 시가지에는 시위대의 시신이 여기저기 널렸고, 이를 지켜본 한양의 조선인들은 피눈물을 흘렸다.

프랑스 선교사 뮈텔Gustave Charles Marie Mutel 주교는 이 상황에 대해 다음과 같은 글을 남겼다.

"일본군은 죽어 나자빠져 있던 대한제국 군인의 시신들을 들어올려 희희낙락하면서 헹가래를 쳤다. 안타까운 장면이었다."

대한제국의 지방군인 진위대 역시 순순히 무기를 반납하지 않았다. 진위대의 일부는 탈영을 감행하여 의병투쟁을 이어 나갔다. 이처럼 강제로 해산당한 군인들은 고종의 퇴위로 촉발된 정미의병에 합류했다.

정미의병은 이전의 을미의병이나 을사의병과 비교하면 작전 수행

정미의병

과 첩보 능력을 비롯하여 화력까지 크게 향상되었고, 다양한 계층이
참여했다. 정미의병은 전국적인 항쟁을 전개했다. 정미의병은 점점
전쟁 성격을 띠기 시작했다.

　고종의 밀지를 받은 이인영이 강원도 원주에서 거병했다. 이인영은
서울진공작전의 필요성을 인지하고, 전국 각지의 의병을 경기도 양주
로 집결시켰다(1907.11.). 고종의 밀지가 있었기에 가능한 일이었다. 양
주에서 1만여 명의 13도창의군이 조직됐다. 총사령관은 이인영, 군사
장은 허위였다. 13도창의군은 대한제국의 정식 군대로서 국제법상 교
전단체임을 내세웠다.
　전국에 흩어져 있던 의병장과 의병들이 모이다 보니, 불협화음이 생
기는 것은 당연했다. 특히, 군사장 허위는 총사령관 이인영보다 연배

정미의병장 이인영과 허위

나 인지도가 높을 뿐만 아니라 병력까지 더 많았다. 이인영과 허위 사이에는 여러 의견 차이가 생기면서 대립도 심해졌다. 서울진공작전을 놓고 이인영은 현실적 부정론을 주장하는 반면, 허위는 서울진공작전을 끝까지 밀어붙였다. 결국 허위는 자신의 직할 부대를 이끌고 동대문까지 진격하였으나, 병력과 화력의 열세를 느끼고 곧 후퇴했다.

이러한 13도창의군 지도부의 갈등 속에 총사령관 이인영의 아버지가 죽었다.

"충忠은 언제든지 행할 수 있지만, 효孝는 지금이 아니면 불가하다."

이인영은 아버지의 삼년상을 치르기 위해 군영을 떠났다. 이인영은 시묘살이 중에 아버지의 묘 앞에서 일본군에게 체포된 후 사형을 당한다. 이순신은 어머니의 장례만 치르고 시묘살이조차 하지 못하고, 나라를 위해 백의종군 길에 올랐건만, 이를 교훈으로 삼지 못한 이인영이었다.

이인영의 고향행과 허위의 동대문 진격 실패로 양주에 모여 있던 13도창의군은 해체됐다(1908). 이들은 저마다 근거지로 돌아가 각자 항일 활동을 전개했다.

대한제국의 해산 군인들이 합류하면서 전국은 의병들의 함성으로 뒤덮였다. 당시 일제는 일본군과 의병 사이에 전개된 교전의 횟수와 규모를 도별로 파악했다. 1908년에는 강원도와 전라도, 황해도가 두드러졌지만, 1909년에 접어들어서는 전라도의 의병이 압도적으로 많았다. 일본과의 교전 절반 가까이가 호남에서 일어났고(1,738건 중 820건으로 47.2%), 교전에 참여한 의병 숫자는 전국 의병의 60%를 차지했다(38,593명 중 23,155명).

백암 박은식이 이렇게 말했다.

"각 도의 의병을 말한다면 전라도가 가장 많았다."

일본은 호남 지역의 의병 부대를 소탕하기 위해 2개의 보병 연대를 파병했다. 일본의 작전명은 남한폭도대토벌작전(호남의병섬멸작전)이었다(1909).

호남의병장(남한폭도대토벌기념사진첩)

일본군 사령부가 이동한 상황을 보면, 남원에서 광주·영산포·목포로 이동하며 내륙에서 서남 해안 쪽으로 밀어붙이는 토끼몰이식 대토벌이었다. 바다에는 수뢰정 4척이 설치되어 호남의병이 완도나 진도의 섬으로 도망가는 것을 원천 봉쇄했다.

일본이 호남을 진압한 결과, 사망한 의병 숫자만 17,779명에 달했다. 이 외에도 사로잡힌 의병이 수천 명이었고, 희생된 의병장만 103명이었다. 이들은 당시 전라도와 경상도를 관할하는 대구 고등법원으로 끌려가 재판받았다. 교수형이 내려진 의병들은 대구 감옥에서 형장의 이슬로 생을 마감했다.

호남의병장의 정신적 지주를 맡으며 일본군과 70여 차례 교전을 벌인 전해산 역시 대구 감옥에서 순국했다. 그는 순국 직전에 일본인 재

요즘 역사

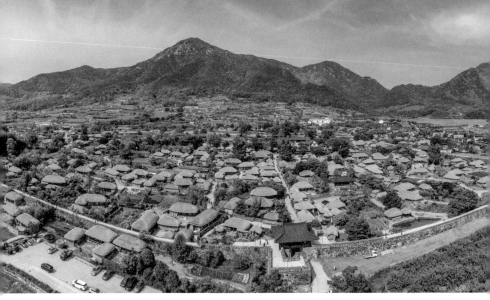

순천 낙안읍성

판장을 향해 다음과 같이 일갈하고 교수형에 처해졌다.

"내가 죽은 후에 나의 눈을 빼어 동해에 걸어라. 너희 나라가 망하는 것을 내 눈으로 똑똑히 보리라."

전라도에서는 어린 나이에 남의 집에서 일했던 머슴, 즉 나이 어린 머슴을 '담살이'라고 한다. 호남의병장 중에서 일명 담살이 의병장 안규홍은 일본 헌병을 주먹으로 내리쳐 죽인 것으로 유명하다. 그가 거병한 전남 낙안군 벌교에는 이런 말이 있다.

"벌교에서 주먹자랑하지 마라."

안규홍을 향한 일본의 분노는 어마어마했다. 그를 비롯한 낙안군의 의병 활동이 얼마나 거셌던지, 일제강점기 일본은 낙안군 자체를 아예 없애버리며 순천에 포함시켰다. 낙안의 중심 벌교는 보성에 편입됐다.

일본의 남한폭도대토벌작전은 민간인에게 더 큰 피해를 안겼다. 의병장의 고향이거나 일본군의 수색이 들어간 마을은 초토화되었고, 의병으로 의심받은 남자들은 수없이 죽었다. 이 당시 호남의 산짐승과 나무들까지 사라졌다고 하니, 일종의 호남참변이었다.

일제는 포로로 잡힌 수천 명의 의병을 동원하여 해남에서 하동까지 영호남의 남도를 연결하는 국도 2호선을 완성했다. 일제는 이 국도를 폭도를 데리고 만든 도로라고 하여 '폭도 도로'라고 부른다.

호남의병의 슬픈 저항은 역사 속에 많이 묻혔다.

호남의병토벌작전을 일제는 '남한폭도대토벌작전'이라고 했다. 또한 일제는 이들을 토벌한 후 '남한폭도대토벌작전기념사진첩'까지 제작했다. 교과서에도 '남한대토벌작전'으로 표기된다. 그러나 우리는 '호남의병토벌작전'이라고 불러야 한다. 이들은 폭도가 아니라 스스로 일어난 의병이었기 때문이다.

일본은 호남의병을 전멸시키고 나서야 한일병합조약을 체결할 수 있었다(1910).

일제의 토벌로부터 가까스로 살아남은 호남의 의병들은 고향을 등지고 만주와 연해주로 이주해야 했다. 그들은 그곳에서 항일무장투쟁을 계속해서 이어 나갔다.

오늘날 자신들의 언행이 매국임을 모르고 설치는 정치인들과 그들을 꾸짖는 대신 오히려 지지를 보내는 국민들은 구한말 항일의병의 고난과 피눈물을 들여다볼 필요가 있다.

요즘 대한민국의 상황을 보고 있자니,

장님 신세로 의병을 이끈 백낙구 의병장의 감은 눈에서 피눈물이 나오고, 일본군에게 체포되자 동지를 불지 않겠다는 마음으로 스스로 혀를 깨문 기산도 의병장의 잘린 혀에서 쌍욕이 나올 듯하다. ●

보수의 아이콘
최익현

을사의병장 최익현, 성리학의 절대주의자였던 그에게 이렇게 물어보고 싶다.

"당신은 만약 일본이 아닌 명나라가 조선을 침략했더라도 조선을 위해 의병을 일으켰겠는가?"

존화주의 성리학적 질서에 매몰된 최익현은 반봉건 성격을 보인 동학농민운동을 반대했고, 갑오개혁의 신분제 폐지에 분노했으며, 독립협회가 주관한 만민공동회를 향해 비판적 자세를 견지했다.

최익현은 조선의 지배층인 양반의 일원으로서 자신의 기득권을 유지하려고 했다는 한계가 분명하다. 그의 의병 거병이 과연 조선이라는 나라에 대한 충성이었는지 국왕에 대한 충성이었는지 그것도 아니면 성리학자로서 존화주의 질서를 어지럽히는 일본에 외교권을 빼앗길 수 없다는 자존감의 발현이었는지 묻고 싶다.

그러나 개인의 부귀영달만을 꾀했던 조선의 수많은 양반 기회주의

최익현

자와 비교하자면, 최익현은 분명 줏대 있는 보수였다. 그의 강한 자존심과 누구에게나 할 말은 하는 칼 같은 성격은 정말 멋있는 부분이다.

그가 얼마나 직설적인 삶을 살았는지 살펴보자.

흥선대원군이 단행한 서원과 만동묘(명나라 신종의 가묘)의 혁파는 보수 성리학자 최익현을 분노케 했다. 최익현은 민비와 손잡고 상소 한 방으로 대원군을 하야시켰다(1873).

"종친의 정치 참여를 금하게 하소서."

쉽게 말해 대원군, 당신 아들 다 컸는데 언제까지 섭정하려고 하느

냐는 말이었다. 최익현의 상소를 반박하지 못한 대원군은 결국 하야했고, 이에 따라 고종의 친정체제가 수립됐다.

대원군을 하야시키는 데 앞장선 최익현의 행위는 결과적으로 오판이었다. 대원군 하야 이후 고종의 친정이 시작되면서 민비를 비롯한 여흥 민씨의 척족들이 오히려 권력을 잡았기 때문이다. 대원군의 하야로 등장한 민씨척족정권은 개항을 선택하며 일본과 강화도조약까지 체결했다.

이를 지켜본 최익현이 고종의 앞길을 막고 지부상소를 올리니, 바로 그 유명한 왜양일체론이다.

"저들이 비록 왜인이라 하나 저들은 서양 도적들과 같습니다."

최익현은 강화도조약을 반대하는 지부상소를 올렸다는 이유로 흑산도에 3년간 유배를 갔다.

을미개혁(1895)으로 단발령이 시행되자 최익현이 또 한마디 내뱉으니, 그의 말을 모르는 백성이 없을 정도였다.

"목은 잘라도 상투는 자를 수 없다."

최익현은 또 감옥에 갇혔다.

그러나 그의 사상은 단발령에 반대하며 봉기를 일으킨 을미의병에게 중요한 기반이 됐다.

을사늑약(1905)으로 대한제국의 외교권을 빼앗기자, 당시 70세가 넘은 최익현은 다시 한번 황제 고종에게 일갈했다.

"명나라 숭정제(명의 마지막 황제)는 자결이라도 하더라."

외교권을 빼앗기고도 쪽팔리게 살아있냐는 강한 불만의 표시였다.

최익현은 태인에서 을사의병을 일으켜 순창을 점령했다. 그러나 관군이 일본군과 함께 자신을 공격하자, 아래와 같은 말을 남기고 스스로 체포당했다.

"차마 동족끼리 죽일 수는 없다. 군대를 해산하노라. 내가 죽을 곳은 여기다."

일본군에 의해 대마도로 끌려간 최익현은 단식에 돌입했다.

"일본땅에서 나는 음식은 입에 대지 않겠다."

최익현은 단식 직후 건강이 악화되어 대마도에서 순국했다.

대마도에서 건너온 최익현의 시신이 부산에서 논산 장지까지 움직이는 데 무려 보름이라는 시간이 걸렸다. 그의 운구 행렬을 보기 위해 많은 사람이 모여들었기 때문이다. 운구 행렬을 보면서 울지 않은 사람들이 없었다고 하니, 최익현은 분명 백성의 존경을 한 몸에 받는 조

최익현의 묘(충남 예산)

선을 대표하는 유생이었다.

최익현이 논산에 묻히자, 그의 묘는 조선의 유생들로 문전성시를 이루었다. 이 모습이 불편했던 일본은 사람의 발길이 닿지 않은 충남 예산의 한 골짜기로 최익현의 묘를 이장했다.

그간 답사를 통해 많은 역사적 인물들의 묘소를 찾아가 보았지만, 예산에 있는 최익현의 묘만큼 충격적인 곳은 없었다. 그의 묘는 이름 모를 들꽃에 파묻혀 위치조차 찾기 힘들었다. 최익현의 묘소를 통해 망해버린 조선 유학의 현실을 볼 수 있었다.

조선의 성리학은 분명 시대에 뒤처진 사상이었다. 그러한 성리학의 신봉자였다 할지라도 자신만의 신념을 굳게 믿고 대신 국가와 백성 앞에 부끄럽지 않고 떳떳하게 살았으니, 최익현은 충분히 존경할 여지가 있는 조선의 유생이었다. ●

18

총, 칼보다 펜의 힘을 더 크게 여겼던

애국계몽운동

18

을사늑약이 체결된 1905년을 전후하여, 개화 지식인들은 영국의 사회학자 스펜서Herbert Spencer가 주장한 사회진화론의 영향을 받았다. 사회진화론은 찰스 다윈Charles Robert Darwin의 진화론을 인간 사회에 비유한 것으로, 즉 강대국이 약소국을 지배하는 것을 정당화하는 논리였다. 이 논리를 받아들이자면, 먼저 우리도 강한 나라가 되어야 했다.

당시 개화 지식인들은 부국강병을 위한 실력양성운동의 일환으로 교육과 산업의 필요성을 절실히 느꼈다. 따라서 여러 단체를 만들고 민중을 계몽 및 교육하며 산업에 힘을 불어넣고자 했다.

먼저 보국안민을 뜻하는 보안회가 조직됐다(1904).

보안회는 일제의 황무지 개간권 요구를 반대하는 활동을 펼쳐 이를 저지하는 데 성공한다.

헌정연구회도 조직됐다(1905).

헌정연구회는 헌법과 정치를 연구하는 모임으로 입헌군주제 추진에 강한 의욕을 보였다. 당시 대표적 친일단체인 일진회를 규탄하기도

했다. 그러나 헌정연구회는
을사늑약 반대운동을 전개하
다 해산당했다.

헌정연구회를 계승하여
대한자강회가 만들어진다
(1906). 대한자강회는 헌정연
구회보다 규모가 커지면서 전
국에 25개의 지회를 설치하
고, 월보를 간행하기도 했다.
그러나 대한자강회는 1907년
고종의 퇴위를 반대하는 운동
을 전개하다 강제로 해산당
했다.

안창호

최고의 애국계몽운동단체는 1907년에 조직된 신민회였다.

회장 윤치호와 부회장 안창호를 중심으로 구성된 신민회는 실력양
성운동을 전개하여 교육과 산업 진흥에 힘을 쏟았다. 안창호는 평양에
대성학교를 세웠고, 이승훈은 정주에 오산학교를 세웠다. 기호흥학
회·서북학회·호남학회 등 각 지역에 학회가 설립된 것도 신민회의 역
할이 컸다. 이 밖에 신민회의 주도로 평양에 자기회사가 설립되었고,
대구에는 태극서관이라는 출판사도 설립됐다.

신민회의 또 다른 특징은 비밀결사적 성격이 짙었다는 것이다. 누구

대성학교

도 신민회의 정확한 규모를 파악하지 못했다. 비밀결사의 앞뒤 연락책 정도만 알 뿐이었다. 대신 비밀조직인 만큼 신민회는 일제의 눈을 피해 무언가를 계속 준비했다.

당시 신민회 회원들은 대한제국이 머지않아 국권피탈을 면치 못할 것이며, 따라서 무장투쟁이 필연적일 것이라고 생각했다. 신민회는 이회영 일가와 이상룡 집안의 도움을 받아 남만주에 삼원보라는 독립운동 기지를 세웠다. 훗날 삼원보에서는 독립운동과 관련하여 신흥무관학교 같은 장교 양성소가 세워지고, 서로군정서라는 무장단체도 만들어졌다.

무엇보다 신민회의 가장 큰 특징은 국권을 회복한 후에 왕정복고가 아닌, 공화정체 국민국가 건설을 목표로 했다는 점이다. 우리 역사상 최초로 공화정을 주장한 것이다. 이는 갑신정변 당시 급진개화파가 주장했던 입헌군주제의 추진보다 한층 진일보한 것이다.

신민회는 평안도 지역의 개화 지식인을 중심으로 조직된 비밀결사였다.

왜 평안도였을까?

조선 후기 평안도는 금과 은을 가지고 청과 무역을 하면서 광산업이 발달한 곳이었다. 이곳에서는 자본가인 물주와 광산 전문 경영가인 덕대가 분업에 토대를 둔 협업 방식으로 광산을 경영했다. 이곳의 노동자들은 광산에서 일한 일당을 받는 임금노동자들이었다. 또한, 평안도 의주에서 만상이라는 대상인이 출현하여 조선 후기 자본주의 맹아를 증명할 수 있는 곳이기도 했다.

평안도는 서학, 즉 천주학이 가장 먼저 전파된 곳이기도 했다. 평안도의 기독교인은 개화사상에 상당히 개방적이었다. 신민회 회원들 역시 기독교를 믿는 개화 지식인이 다수였다.

한편, 평안도는 조선 시대 내내 심한 차별을 받은 지역이다. 오죽하면 1811년 홍경래가 서북지방에 대한 차별에 저항하며 난을 일으켰을까. 조선왕조에서 차별받은 평안도 지식인들은 국권을 회복한 후에도 왕이 없는 세상, 다시 말해 공화정을 꿈꿨다.

이후 1909년 안중근이 하얼빈에서 이토 히로부미를 사살한 사건은 신민회가 해체되는 나비의 날갯짓이 됐다. 안중근은 황해도 해주 사람

105인 사건

이다. 일제강점기 조선총독부의 발표에 의하면, 안중근의 사촌 동생 안명근은 조선의 초대 총독 데라우치가 압록강 철교 개통식에 참석한다는 정보를 듣고 그를 죽이기 위해 권총을 소지한 채 압록강으로 향하는 기차에서 일본 헌병에게 발각되어 체포당했다. 곧이어 황해도에 있는, 안중근과 안명근의 지인들이 줄줄이 잡혀가기 시작했다. 이를 안악 사건이라고 한다(1910). 그러나 이 안악 사건은 일제에 의해 조작된 사건으로 실제 안중근의 사촌 안명근이 데라우치를 암살하려 했다는 증거는 어디에도 없다.

평안도의 개화 지식인 또한 황해도의 지식인들과 소식을 주고받았다는 이유로 덩달아 체포당했다. 무려 600여 명에 달하는 평안도와 황해도 지식인이 체포되었는데, 그중 105명은 기소를 당해 서대문형무

소에 갇혔다(1911, 105인 사건). 105명 중 상당수는 신민회의 리더들이었다. 이로써 신민회의 실체가 드러나고, 결국 신민회는 해체되고 말았다.

최대 애국계몽운동단체 신민회는 일제의 감시에도 불구하고 한반도 사람들에게 "너희가 곧 국가의 주인"이라는 공화주의사상을 불어넣었다. ●

19

러시아에 이기고 미국의 지지를 받은 일본

러일전쟁(1904년)과 가쓰라·태프트밀약 (1905년)

19

청일전쟁(1894)에서 승리한 일본은 시모노세키조약(1895)에 따라 청나라로부터 요동을 할양받았다. 이에 대하여 러시아가 문제를 제기하고, 독일과 프랑스까지 나서서 일본을 압박한 결과(1895, 삼국간섭), 일본은 요동 반도를 반환해야 했다. 요동 반도는 다시 청나라에 돌아갔지만, 요동의 뤼순항은 이미 러시아 군함이 정박할 정도로 사실상 러시아가 차지하고 있었다.

이 시기, 조선의 상황도 어수선하기는 마찬가지였다. 청일전쟁에서 승리한 일본은 조선 점령을 목전에 앞둔 상태였다. 그러나 삼국간섭에 속수무책으로 당하는 일본을 지켜본 민비는 러시아의 힘을 빌려 친러 내각을 조성했다. 그러자 일본은 서둘러 민비 시해를 감행했다(1895, 을미사변).

을미사변을 겪은 고종은 또 러시아의 도움을 받아 러시아공사관으로 몸을 피했다(1896, 아관파천). 이처럼 일본의 한반도 점령은 계속해서 러시아의 방해를 받았다.

1년 만에 러시아공사관에서 돌아온 고종이 대한제국을 선포했으나

조선을 두고 경쟁하는 청·러·일을 그린 풍자화

한반도를 둘러싼 러시아와 일본의 팽팽한 대립은 계속됐다.

　한편, 일본은 러시아의 팽창력을 견제하는 영국과 제1차 영일동맹을 체결했다(1902). 당시 해가 지지 않는 나라 영국이 동방의 조그마한 섬나라 일본과 동등한 조약을 체결하면서, 일본의 국격은 상당히 올라갔다.

　앞서 영국은 조선의 남단 거문도를 점령한 뒤(1885, 거문도 사건) 청을 이용해 러시아의 남하를 견제하려 했다. 하지만 예상 밖으로 청일전쟁에서 일본이 이기자 영국은 고민에 빠졌다. 아무래도 영국으로서는 러시아가 한반도를 발판 삼아 해양으로 진출하는 것보다 일본의 대륙 진

Le Petit Parisien
SUPPLÉMENT LITTÉRAIRE ILLUSTRÉ
DIRECTION: 18, rue d'Enghien (10°) PARIS

BLANCS ET JAUNES

러일전쟁 풍자화

출이 더 낫겠다고 생각한 모양이다.

결국, 영국은 일본을 지원하기로 했다. 영국 해군 장교가 일본 해군의 훈련을 맡았으며, 일본에 수많은 전함을 팔았다. 일본은 영국 덕에 해군력이 크게 강화됐다.

한편, 러시아의 태평양 진출을 경계하는 나라가 또 있었으니, 바로 미국이었다. 미국은 아시아 진출에 있어 일본보다 러시아가 더 큰 장애물이라고 여겼다. 미국은 일본에게 전쟁 비용의 상당 부분을 자신들이 충당할 수 있음을 어필하며 접근했다.

러시아와 대립하던 일본으로서 영국과 미국의 지원은 좋은 기회였다. 일본은 또 닌자 정신을 발휘하여 선전 포고도 없이 요동 반도 뤼순항에 정박하고 있던 러시아 함대를 기습 공격했다(1904.2, 러일전쟁 발발).

일본이 러시아를 선제공격하며 러일전쟁을 일으키자 '달걀로 바위 치는 격'이라며 전 세계가 일본을 비웃었다. 하지만 지구 반 바퀴를 돌아 쓰시마섬에 도착한 러시아 해군의 주력, 발틱함대는 일본의 도고 제독에게 패하고 말았다(1905.5, 쓰시마해전).

모두의 예상을 뒤엎은 일본의 승리에 전 세계가 놀랐다.

러일전쟁이 발발하기 전, 대한제국은 대외중립을 표방했다. 그러나 일본은 이를 무시하고, 서울에 군대를 출동시켜 강제로 대한제국을 점령했다. 이에 반발하는 조선의 관료들은 납치당하거나 요직에서 물러나야 했다. 대표적으로 임오군란 당시 민비를 도와 탁지부대신에 오른 이용익은 일본의 서울 점령에 불만을 표출했다는 이유로 일본으로 끌려가기까지 했다.

일본은 일본군의 한반도 주둔을 위해 대한제국을 압박하여 한일의정서를 체결했다(1904.2.). 일본이 대한제국의 외부대신 이지용에게 1만 엔을 주고 그를 미리 매수했기 때문에 일본으로서는 쉬운 작업이었다.

한일의정서에는 일본이 대한제국의 영토 일부를 군사적 요충지로 사용할 수 있다는 조항이 있다.

"대한제국 정부는 일본의 충고를 들어야 하고, 일본은 군사 전략상 필요한 지점을 사용할 수 있다."

일본이 가장 먼저 눈독을 들인 곳은 독도였다. 우리는 국권이 피탈되기도 전에 독도를 일본에 빼앗겼다. 이지용이 돈을 받고 독도를 판

가쓰라 다로와 윌리엄 태프트

것이나 다름없는 셈이다.

러일전쟁에서 승기를 잡은 일본은 강압적으로 제1차 한일협약을 체결시켰다(1904.8.). 일본은 대한제국의 내정을 간섭하기 위해 외교고문으로 미국인 스티븐스Durham White Stevens와 재정고문으로 일본인 메가타 다네타로를 임명했다.

외교고문 스티븐스는 일본이 강제로 을사늑약을 체결하기까지 일본에 유리한 태도를 고수하다가, 훗날 미국 샌프란시스코에서 장인환과 전명운의 총탄을 맞고 죽었다.

재정고문 메가타는 조선 화폐를 일본 화폐로 통합하는 화폐정리사업을 실시하여(1905) 조선에 대한 일본의 금융지배체제를 완성했다.

외교에서 자국의 이익을 추구하는 것은 당연한 일이다. 1905년 7월 일본을 방문한 미국의 육군 장관 태프트William Howard Taft와 일본의 총리 가쓰라 다로가 만나 밀약을 체결했다. 이들 이름의 앞 글자를 따서 가쓰라·태프트밀약이라고 부른다.

"미국은 일본의 한반도 지배를 인정하고, 일본은 미국의 필리핀 지배를 인정한다."

미국은 가쓰라·태프트밀약을 통해 국제 사회로부터 필리핀 지배를 더욱 공고히 하려는 속셈이었다. 자국의 이익을 위해 한반도를 거래 대상으로 삼아 일본과 흥정한 것이나 다름없었다.

1905년 8월 제2차 영일동맹이 체결됐다.

"영국은 일본의 한반도 지배를 인정하고, 일본은 영국의 인도 지배를 인정한다."

일본도 마냥 좋은 상황은 아니었다. 러시아의 발틱함대를 무너뜨렸지만, 자신들의 국력으로는 거대한 러시아제국을 완전히 항복시키기 어려웠다. 러시아도 자국의 상황상(1905, 피의 일요일 사건) 전쟁이 길어지는 것을 원치 않았다.

미국은 이러한 두 나라의 상황을 미리 간파했다. 미국의 대통령 루스벨트는 러시아와 일본을 만나 서로 화해를 시켰다.

그 결과, 포츠머스조약이 체결되며(1905.9.) 러일전쟁은 마침표를 찍었다.

포츠머스조약의 체결로 일본은 러시아로부터 조선의 지배권을 인정받고, 사할린을 얻었다. 이로써 러시아와 미국과 영국이라는 강대국이 일본의 한반도 지배를 묵인하게 됐다.

일본은 모든 준비가 끝났다고 생각했다. ●

20

저개돼지만도

못한신하들이

하룻밤사이에

사이에

을사늑약

(1905년)

20

1905년 11월, 이토 히로부미가 바다를 건너 대한제국에 도착했다. 그는 메이지유신을 주도한 인물로 일본의 초대 총리가 되어 총리직을 무려 4번이나 역임한 바 있는 진정한 실력자였다. 이토 히로부미는 고종을 만나 왜왕의 친서를 전달하며 왕을 압박했다.

친서의 내용은 다음과 같았다.

"짐이 동양의 평화를 위해 대사(이토 히로부미)를 특별히 파견하오니, 대사의 지휘에 따라 조처하소서."

이어서 이토 히로부미가 고종에게 말했다.

"일본이 대한제국을 보호하고자 합니다. 대한제국의 외교 사무만 일본이 관장하도록 허락하여 주십시오."

기분이 상한 고종은 이토 히로부미의 주장을 받아들이지 않고 이후

을사늑약 체결 모형(덕수궁 중명전)

의 면담도 거부했다. 일본은 군대를 앞세워 경복궁을 에워싸고 공포 분위기를 조성한 후 어전회의를 열었다. 그러나 고종과 대한제국의 관료 중 누구도 일본의 외교권 양도 요구를 받아들이지 않았다.

 1905년 11월 17일.

 고종이 이토 히로부미와의 면담을 거부하자, 이토는 고종을 제외한 채 대한제국의 각료들을 불러 모았다. 장소는 덕수궁 중명전이었다.

 이토 히로부미는 상석에 앉고, 그의 양쪽으로 대한제국의 조정 대신

8명이 나란히 앉았다.

"조선의 안위를 위해 일본이 보호국이 되겠소. 황제께서 반대하시
니 여러분이 대신 찬성하여 조약을 승인해 주시오."

이토 히로부미의 강압에도 불구하고 대한제국의 관료 어느 누구도
선뜻 동의하지 않았다. 민족의 반역자가 될 수도 있는 역사의 갈림길
에서 침묵은 길어졌다.
잠시 후, 그 침묵을 깬 것은 학부대신 이완용이었다.

"우리 황제의 안위를 보존할 수 있다면, 나는 찬성하겠습니다."

학부대신 이완용, 군부대신 이근택, 내부대신 이지용, 외부대신 박
제순, 농상공부대신 권중현은 이날 이토가 제시한 조약에 찬성했다.
을사늑약이 체결됐다. 그리고 우리는 외교권을 빼앗겼다.
대등한 위치에서 맺어진 조약이 아닌, 강압에 의해 비합법적으로 체
결된 조약이나 다름없기에 '을사늑약'이라는 표현이 맞다. 을사늑약
에 찬성한 조선 5명의 대신을 을사오적이라고 한다. 어지간하면 자식
이름을 지을 때, 이 다섯 명의 이름만은 피했으면 한다.
법무대신 이하영과 탁지부대신 민영기는 을사늑약 체결에 찬성하
지 않았다. 그러나 이하영은 국권피탈이 되자 자신은 물론 아들과 손
자까지 3대에 걸쳐 친일을 했으니 을사오적과 차별을 두기 어렵다. 민

영기 또한 국권피탈 이후 일본으로부터 남작의 지위를 받고 동양척식 주식회사의 부총재까지 지냈으니, 역시 친일이라는 점에서 벗어날 수 없다.

이날, 이토 히로부미와 만난 대한제국의 8명의 대신 중 그나마 사람 같은 이는 참정대신 한규설이었다. 한규설은 조약에 반대하며 회의장을 뛰쳐나갔다. 그는 일본 헌병들에게 구타당하며 끌려갔다. 이때, 회의장 안에 있는 나머지 대신들은 한규설의 비명 소리를 듣고 겁에 질린 채 매국을 선택했다.

을사늑약의 정식 명칭은 제2차 한일협약이다.

을사늑약은 외부대신 박제순과 일본공사 하야시의 서명으로 체결됐다. 조약문에서 최고 통수권자인 고종의 승인은 찾아볼 수 없다. 국가 간에 체결한 조약이라는 최소한의 기본적인 형식도 갖추지 못한 조약이 을사늑약이다.

을사늑약이 체결되자 이토 히로부미는 대한제국의 외교 사무를 맡는 통감부를 설치하고, 스스로 초대 통감이 됐다. 일본의 총리를 4번이나 역임한 그가 조선의 외교권을 담당하는 통감직을 스스로 자처한 것에는 숨은 속내가 있었다. 을사늑약을 전환점으로 삼아, 대한제국의 통감이 되어 조선의 국권을 완전히 빼앗는 중요한 일을 직접 해내겠다는 의지였다. 을사늑약으로 대한제국은 사실상 일본의 식민지가 시작된 것이나 다름없었다.

민영환이 자결한 자리에서 자란 혈죽

을사늑약이 체결되자 조선인들의 분노는 세차게 들끓었다.

민영환은 자결했다. 민영환은 임오군란 때 구식 군인들에게 맞아 죽은 민겸호의 아들이었다. 개 아버지 밑에 호랑이 아들이 나온 것이다. 민영환은 여흥 민씨 집안의 잘못에 대한 작은 면죄부를 만든 셈이다. 민영환이 자결하자 민영환의 인력거꾼도 함께 자결했다.

조선의 마지막 영의정이나 다름없는 조병세는 상소를 올렸다. 그러나 상소가 가로막히자 유서를 남기고 가마에서 자결했다.

조정의 실무를 담당하던 의정부참찬 이상설은 회의장에 난입을 시도했다. 조약의 체결을 저지하려 하였으나, 실패한 후 참정대신 한규설과 목 놓아 울었다. 그리고 고종에게 상소를 올렸다.

"인준해도 망하고, 안 해도 망하니, 나라와 같이 죽읍시다."

이상설은 종로 사거리에서 국권 회복에 대해 연설하던 중 너무나도 분한 나머지, 높은 단상에서 땅을 향해 머리를 박아 자결을 시도했다. 이후 현상금이 붙은 이상설은 간도로 망명하였고, 그곳에서 독립운동을 준비한다.

황성신문의 주필 장지연은 지면에 '시일야방성대곡是日也放聲大哭'을 실었다.

"우리 황제가 승인하지 않았으니 조약은 무효다. 저 돼지와 개만도 못한 대신들이 영달과 이익만을 바라고 위협에 겁먹어 두려움에 떨며 나라를 팔아먹는 도적이 됐다."

고종은 헐버트Homer Bezaleel Hulbert를 미국에 특사로 파견했지만, 미국 대통령은 헐버트를 만나주지 않았다.

나철과 오기호는 이완용을 비롯한 을사오적을 암살하기 위해 오적 암살단을 조직했다. 그러나 을사오적을 향한 암살은 대부분 실패하고, 농상공부대신 권중현을 부상시키는 데 그쳤다.

네덜란드 헤이그에서 열리는 제2차 만국평화회의에 참석을 요하는 러시아 황제의 초청장이 건너왔다. 고종은 을사늑약의 무효를 국제 사회에 알릴 기회라고 생각하며 헤이그에 특사를 파견할 것을 고민했다. 고종은 간도로 망명하여 서전서숙을 건립하고 민족 교육에 앞장서던 이상설을 정사로 삼고, 이준을 부사로 삼아 네덜란드 헤이그로 보

헤이그 특사(왼쪽부터 이준, 이상설, 이위종)

냈다. 통역관으로 러시아 공사관 서기 이위종도 합류시켰다.

안타깝게도 헤이그 특사는 외교권이 없다는 이유로 회의장에 들어가지 못했다. 그러나 을사늑약을 강제로 체결한 일본의 만행을 국제 사회에 알리는 데 나름의 성과를 거뒀다.

부사 이준은 헤이그에서 죽고 말았다. 일설에 의하면 만국평화회의 회의장에 들어가지 못했다는 상실감으로 스스로 배를 가르고 창자를 회의장에 던지고 죽었다고 하지만, 이는 사실이 아니다. 이준은 얼굴에 생긴 종기가 번져 죽었다. 물론, 그 종기 역시 화병으로 도졌을 수도 있다. 아무튼 국가의 큰일을 행하다 죽은 이준을 향해 열사라고 불러야 함은 당연하다.

1908년 미국 샌프란시스코에서 장인환과 전명운은 조선의 외교고문이었던 미국인 스티븐스를 사살했다. 스티븐스는 가쓰라·태프트밀약을 체결하는 과정에서 일본의 편을 들었던 인물이다.

장인환과 전명운의 거사를 놓고 이승만은 폭력 거사라며 비판했지만, 미주의 한인들은 장인환과 전명운의 소송에서 변호 비용을 마련하기 위해 힘을 모았다. 그로 인해 미주 지역의 최대 한인단체 대한인국

안중근과 이재명

민회가 설립된다(1909).

 을사늑약의 원흉은 이토 히로부미였다.

 1909년 10월 26일 하얼빈역에서 안중근이 이토 히로부미를 죽였다. 이토 히로부미를 죽인 안중근은 뤼순 감옥에 수감된 후 형장의 이슬로 사라졌다(1910).

 안중근이 이토 히로부미를 죽였으니, 남아 있는 을사늑약의 원흉 중에서 꼭 죽여야 할 이는 이완용이었다.

 1909년 12월, 명동성당 앞에서 청년 이재명이 마차에 타고 있던 이완용의 어깨를 칼로 찔렀다. 이완용이 마차에서 떨어지며 땅을 구르자 다시 그의 허리와 신장을 찔렀다. 이완용을 충분히 죽였다고 생각한 이재명은 의거 현장에서 "대한독립만세"라고 외친 후 곧 일본 경찰에게 체포됐다. 그러나 일본 최고의 외과 의사가 건너와 이완용을 살렸으니, 이재명으로서는 통탄할 노릇이었다.

의연한 자세로 재판장에 선 이재명은 형장의 이슬로 사라졌지만, 그의 유언은 지금까지 우리를 다그친다.

"나는 죽어 수십만 명의 이재명으로 환생하여 기어이 일본을 망하게 하고 말겠다."

이완용은 가까스로 살았지만 폐에 구멍이 뚫려 평생을 후유증에 시달려야 했다. 이재명은 이완용을 죽이는 데 실패했으나, 그의 여생을 고통 속에서 살게 했다. ●

안중근이
이토 히로부미를 죽인 것은
역사적 실수였다?

1909년 10월 26일 하얼빈에서 이토 히로부미가 안중근의 총에 맞은 시간은 9시 30분이다. 얼마 지나지 않은 10시 정각에 이토는 숨을 거뒀다. 혹자는 총을 맞은 후 죽기까지 30분 동안 그의 유언이 있었다고 한다.

"조선인이 나를 쏘았다고? 바보 같은 녀석이군!"

거짓말이다. 이토는 이런 유언을 남기지 않았다. 임종을 지켰던 이토의 손자는 그가 총에 맞은 후 유언도 남기지 못하고 죽었음을 분명히 밝혔다.

이토 히로부미는 일본의 총리직을 무려 네 번이나 역임한 인물이다. 지금도 일본 국회의사당에는 그의 동상이 세워져 있다. 이토 히로부미는 일본인이 가장 많이 사용한 일천엔권 화폐의 주인공이었다. 무려 20년 동안이나.

1천엔권의 이토 히로부미

　이토 히로부미 같은 제국주의 침략의 상징적 인물을 화폐 주인공으로 선정한 일본인들에게 과연 반인륜적 침략과 전범 행위에 대한 반성을 기대할 수 있을까?

　반면, 우리나라 화폐에서는 독립운동가를 단 한 명도 찾아볼 수 없다. 반성해야 한다.

　최근에는 안중근 의사의 이토 히로부미 사살조차 잘못된 선택이었다는 주장이 제기되고 있다. 일단 그들의 논리는 이렇다.

　"이토 히로부미는 조선을 사랑했다."

　"이토 히로부미는 일본의 한국병합에 반대한 인물이었다."

　"안중근이 이토 히로부미를 죽임으로써 일본 군부 내 극우 강경파에게 한국이 병합당했다."

일본 총리를 역임한 이토 히로부미는 왜왕의 명을 받고 대한제국의 외교권을 빼앗으려는 목적으로 한반도로 건너왔다. 그리고 조선의 대신들을 압박하여 을사늑약을 체결하고, 끝내 조선의 외교권을 빼앗았다. 이 모든 것은 주지의 사실이다.

을사늑약이 체결되자 조선인들은 억장이 무너졌다. 을사늑약이 체결된 1905년 11월, 날씨는 춥고 찬 바람까지 불어 조선인들의 어두운 마음은 표현하기 힘들 정도로 우울했을 것이다. 늦가을 날씨가 스산할 때면 흔히 '을사년스럽다'라는 말이 들렸고, 이 말에서 '을씨년스럽다'라는 표현이 생겼다. 당시 조선인들의 정신 상태가 어땠는지 짐작된다.

이처럼 조선의 외교권을 빼앗고 이를 관장하는 초대 통감 자리에 앉은 사람이 이토 히로부미다. 이토가 조선을 사랑한다니. 그가 조선을 사랑하고 위하는 마음이 있었다면, 조선의 외교권을 끝까지 지켰어야 하지 않은가.

일본 극우의 성지 조슈번(야마구치현) 출신으로 조선 점령을 부르짖은 요시다 쇼인의 제자이자, 총리를 네 번이나 역임하고도 다른 속내가 있어 늙은 몸을 이끌고 조선으로 건너와 을사늑약을 체결시킨 이토 히로부미가 조선을 사랑했다는 것은, 이순신이 일본을 사랑했다는 말과 같은 수준의 거짓말이다.

그가 한국병합을 반대했다는 주장 역시 근거를 찾아볼 수 없다. 일본 군부 강경파와 이토 히로부미가 대립한 것은 사실이지만, 그는 단 한 번도 한국병합에 반대한 적이 없었다.

"대한제국은 독립에 필요한 실력을 갖추지 못했다. 실로 허울뿐인 독립에 지나지 않는다."
"대한제국을 병합하는 것이 그 대강에 있어 옳다."

이토 히로부미는 당시 일본을 대표하는 극우 정치인이었다.

안중근은 황인종끼리 힘을 합쳐 백인 세력의 침략에 맞서자는 이토 히로부미의 『동양평화론』에 속아 러일전쟁 당시 일본의 승리를 바랐던 자신을 탓했다. 그리고 결자해지하는 심정으로 단지를 한 후 그 피로 태극기에 '대한독립'이라고 써 내려가면서 3년 안에 이토 히로부미를 죽이겠다고 다짐했다. 그 다짐을 6개월 만에 실천함으로써 대한의 젊은이들에게 애국심과 독립 의지를 몸소 보였다. 조선의 아름다운 청년 안중근은 한국인이라면 꼭 죽여야 할 침략자 이토 히로부미를 우릴 대신하여 잘 죽인 것이다.

안중근이 이토 히로부미를 죽인 것은 자신의 목소리를 세계에 알리기 위한 수단이었다. 이토를 죽임으로써 세계의 이목을 자신에게 집중시킨 다음, 일본의 한국병합이 얼마나 반역사적인지 역설하려 한 안중근의 깊은 목적의식을 알아야 한다.

안중근은 뤼순 감옥에서 이토의 『동양평화론』을 반박하는 자신의 『동양평화론』을 집필하며 이렇게 말했다.

수의를 입은 안중근과 뤼순 감옥의 안중근 사형 현장

"하얼빈을 의전의 자리로, 뤼순을 담판의 자리로……"

사형을 구형받은 안중근은 항소하려 했으나 어머니 조마리아 여사의 편지를 받고 항소를 포기하며 뤼순 감옥에서 형장의 이슬로 사라졌다.

"내 시신을 하얼빈 공원 곁에 묻었다가 조국으로 이장해 달라."

안중근의 유언이었다.

객관적으로 진정한 동양평화를 역설하며 한반도의 자주독립을 지키려 했던 안중근의 아름다운 30년 인생이, 일본제국의 권력자였으며 자신의 권력 확장을 위해 타국을 침략한 이토 히로부미의 70년 평생

보다 훨씬 아름답다.

다시 한번 말하지만, 안중근의 이토 히로부미 사살은 두말할 것 없이 옳은 결정이었다. 한국인으로서 꼭 죽여야 할 인물을 잘 죽였고, 그의 의거는 한국을 넘어 세계에 커다란 울림을 주었다.

일본에서조차 안중근 의거의 깊이를 알고 그를 사모하는 이들이 꽤 있다는 것을 알아야 한다.

이토 히로부미를 존경하는 이들이 일본에서 존재하는가?

얼마 전 죽은 아베 신조 전前 총리 말고는 거의 없다.

다만, 이토 히로부미를 존경하는 이들이 대한민국 국민 중 일부가 있는 것이 안타까울 뿐이다. ●

고종은 얼마나
암군인가

조선의 암군을 이야기할 때 빠지지 않는 인물로 선조와 인조가 있다.

그렇다면 물어보자. 선조와 인조가 멍청했나?

아니다. 그들은 영악하고 나쁜 군주들이었다. 자신의 왕권을 지키고 이익을 위해 물불 가리지 않았고, 신하들을 다루고 이용할 줄도 알았으며 잔혹하기까지 했다. 권모술수만을 놓고 말하자면 그들은 가히 천재적인 군주였다. 고종이 왕이었던 시기에, 차라리 선조와 인조 같은 자가 조선의 군주였다면 더 낫지 않았을까 생각해 볼 정도로 고종은 무능했다.

어린시절 왕 자리에 앉은 고종은 아버지 흥선대원군의 섭정을 받았다. 고종 외에 아버지에게 섭정을 받은 조선의 군주가 또 있었으니, 바로 세종이다.

세종은 아버지 태종이 상왕으로 물러나면서 즉위하지만, 태종은 군사와 인사권만큼은 세종에게 바로 넘기지 않았다. 그러나 태종의 인사와 군사 업무에 관한 섭정 역시 겨우 2년 남짓이었다.

고종 어진

그러나 고종의 아버지 흥선대원군의 섭정은 태종의 섭정과는 성격이 달랐다.

일단 흥선대원군은 왕이 된 적이 없는 인물이었다. 그런데도 흥선대원군은 제 아들 고종이 어리다는 핑계로 무려 10년 동안 조선의 국정을 전담했다. 어린 시절 아버지의 섭정에 의지했다는 이유만으로 고종을 무능하다 비판할 수 없다. 고종은 아버지 이하응의 능력을 업어 왕위에 올랐고, 또한 국정을 이끌어 가기에 자신 역시 어렸기 때문에 아버지의 섭정을 스스로도 충분히 받아들일 수 있는 상황이었다. 그러나 최익현의 상소로 흥선대원군이 하야하면서 고종의 친정 체제가 수립된 이후, 고종의 무능은 오롯이 고종 본인의 탓이다.

흥선대원군이 하야하자, 조선의 실질적 일인자는 민비였다.

결과적으로 고종은 아버지로부터 독립하자마자 마누라 치마폭에 의지한 것이다. 역사상 여러 군주들이 여인의 치마폭에 빠져 정사에 손을 놓은 경우를 심심찮게 볼 수 있다. 그러나 고종이 빠진 민비의 치마폭은 그 치마폭이 아니었다. 주색과 여인의 몸을 탐하는 것이 아닌, 그 여인의 판단과 그 여인의 집안에 기대어 국정을 이끌어간 것이다.

고종의 가장 부족한 점은 무엇이었을까?

남에게 의지하려는 마음이었다.

일국의 군주였음에도 고종은 아버지에게, 부인인 민비와 그 집안인 여흥 민씨에게 기댔다. 그래도 안 되겠으면 자신이 의지할 곳을 나라 밖에서 찾았다.

임오군란이 일어나자 자신들이 불러들인 청나라에 의해 내정 간섭이 본격적으로 시작되었지만, 고종은 청나라의 내정 간섭에 큰 불만을 표시하지 않았다.

동학농민운동이 발발하여 관군으로 동학농민군을 진압할 수 없게 되자, 갑신정변 이후 본국으로 돌아가 있던 청나라의 군대를 국내로 다시 불렀다. 자국의 민란을 막자고 외국의 군대를 불러들인 초유의 사태가 이 땅에서 일어났다. 그렇게 청나라를 끌어들인 덕분에 일본의 군대까지 조선에 상륙하게 되면서 이 땅에서 강대국끼리의 전쟁인 청일전쟁이 발발했으니, 남에게 의지하려는 고종의 사대성이 조선 백성들로 하여금 전쟁을 경험하게 한 것이다.

청일전쟁에서 청나라가 패배하고 이후 민비가 시해당하자, 고종은 다시 자신을 보호해 줄 국가를 찾았다. 그래서 러시아공사관으로 몸을 피하는 아관파천까지 단행하니, 고종은 우리 역사를 통틀어 가장 사대적이고 자주적이지 못한 군주였다.

고종은 우유부단했고 자신감이 없었다.

고종은 구식 군인들이 봉기한 임오군란이 일어나자 구식 군인들의 해산을 명령하지 못한 채 눈치만 보았고, 갑신정변이 일어나자 젊은 온건개화파들이 자신을 죽일까 전전긍긍했다.

임오군란으로 시작되고 갑신정변으로 심화된 청나라의 내정 간섭에 불만을 표시하지도 못했으며, 그 시기 군사고문이었던 청나라 위안스카이의 횡포에도 고종은 전혀 대응하지 못했다. 사실상 10년간 조선의 왕은 위안스카이였다.

청일전쟁 직전 경복궁을 강제 점령한 일본군에게 큰소리치지 못했으며, 이후 강압적으로 시작된 갑오개혁의 주도권도 손에 쥐지 못했다.

자기 부인 민비가 시해당하는 을미사변을 겪고도 일본에 목소리 높여 항의하지 못했고, 오히려 자기마저 죽을까 두려워 아관파천을 단행하여 러시아공사관으로 숨었다.

외교권을 상실하는 을사늑약이 체결될 때도 고종은 한 발 뒤로 빠지며 자신의 책임이 아닌 양 행동했다. 을사늑약을 반대하는 수많은 상소에도 고종은 귀를 기울이지 않았다. 고종이 을사늑약 체결에 앞장선 이완용을 비롯한 을사오적을 혼냈다는 이야기 역시 들어본 적 없다.

고종은 딱 한 번 제대로 외세에 저항했다. 자신이 일제에 의해 강제로 퇴위당하는 현장에 아들 순종과 함께 불참한 것이 그의 유일한 저항이었다.

고종은 무능한 것도 문제였지만 나쁜 군주였다는 것이 더 큰 문제였다.

고종이 조선의 백성을 과연 사랑했을까. 고종에게 애민의 마음이 있었을까?

고종은 나라의 세금을 자기의 재산 증식 수단으로 여겼다. 역대 군주들 역시 국가의 운영을 위해 백성들로부터 무리한 세금을 걷어 원성을 사긴 했지만, 조선의 군주 대부분은 성리학적 이념에 입각하여 '민본'을 통치의 근간으로 삼고 항상 백성의 세금 감면에 지대한 관심을 보였다. 그러나 고종이 백성의 세금 감면을 위해 어떤 정책을 내놓았다는 이야기를 듣지 못했다. 더 큰 문제는 세금을 국고로 인식한 것이 아닌, 자신의 개인 재산으로 인식했다는 것이다.

그러다 보니 고종은 스스로 매관매직에 앞장서 자신의 내탕금을 늘린 유일무이한 군주였다. 그 정도가 얼마나 심했던지 청나라 공사 서수붕은 고종에게 이렇게 말했다.

"조선의 풍수가 아름답습니다."

고종이 그렇게 말한 이유를 묻자, 서수붕은 이렇게 답했다.

"우리 청나라는 벼슬을 판 지 10년 만에 나라가 어지러워졌는데, 조선은 벼슬을 30년 동안 팔아도 종묘사직이 편안하니, 풍속이 아름답지 않고서야 이럴 수 있겠습니까?"

그러자 고종이 크게 웃으며 부끄러운 줄 몰랐다고 한다.

고종의 모습을 보고 서수붕은 한 번 더 말했다.

"슬프다. 조선의 백성들이여."

고종이 삼림채벌권·광산채굴권·철도부설권 등 조선의 여러 이권을 외국에 팔아 자기 재산으로 챙겨, 이를 외국 은행에 은닉하고 비축해 두려 한 것이 사실로 드러났다. 조선의 왕이 외국에 불법 비자금을 조성한 것이다. 망국 이후의 자신의 삶을 준비했단 말인가.

고종은 가난한 나라, 조선의 군주라는 자격지심이 있었다. 그는 돈으로 주변 서양인들의 환심을 사려했고, 그들에게 나랏돈을 너무 쉽게 썼다. 예를 들어 연세대학교 창립과 관련 있는 언더우드 부부가 결혼할 때 민비는 그들에게 결혼식 축의금으로 무려 100만 냥을 줬다. 임오군란으로 일본공사관이 불에 타자, 일본에 준 배상금이 50만 냥이었음을 생각하면 기가 막힌 금액이다.

그럼에도 고종을 긍정적으로 보려는 이들은 말한다.

"그래도 고종은 국권을 지키기 위해 노력했고, 나름대로 독립운동에 이바지한 측면도 있지 않은가?"

도대체 고종이 무슨 독립운동을 했단 말인가?

을사늑약이 체결되자 헐버트를 미국에 파견하고, 이상설과 이준을 헤이그 특사로 보낸 것을 말하는가? 혹은 이인영에게 밀서를 보내 정미의병의 서울진공작전을 독려했던 부분을 말하는가?

국권이 피탈되자, 임병찬에게 밀서를 보내 국권반환요구서를 제출하도록 역할을 했다는 것인가?

고종은 황제 자리에서 물러나며 나라까지 잃었음에도 그는 대단히 풍족하게 살았다. 국권피탈기 고종의 행동들은 그저 황제권을 지키기 위한 것이었고, 나라가 식민지로 전락된 후 고종의 독립운동이란 것들은 모두 자신의 황제권을 되찾기 위한 몸부림이었다. 고종이 독립운동을 했다는 소리를 듣기 위해서는, 최소한 잃어버린 강토의 회복과 일본의 식민통치 아래 신음하는 만백성의 자주성 회복을 천명했어야 한다.

그러나 그가 기껏 한다는 것은 유생들에게 편지나 보낸 것이었다.

"임병찬아. 나를 다시 황제로 만들어다오." ●

21

섬나라의 지배가 시작되다

경술국치
(1910년)

21

이완용

일본은 고종이 이상설·이위종·이준 등을 네덜란드 헤이그에 특사로 파견한(1907) 것을 구실로 고종을 황제 자리에서 끌어내릴 계획을 세웠다. 일본은 고종이 아들에게 황제 자리를 양위하는 자발적 퇴위를 구상했다.

그러나 정작 왕위를 이어받아야 할 순종은 황제 양위식에 나타나지 않았다. 의도치 않은 상황으로 일본이 당황하고 있을 때, 이완용이 의견을 냈다. 내시들에게 고종과 순종의 옷을 입히자는 것이었다.

1907년 7월, 고종과 순종 두 당사자가 참석하지 않은 황제 양위식이 거행됐다. 고종과 순종의 옷을 입은 내시들이 옥새를 서로 주고받은 후 백관의 하례를 받았다. 이렇게 고종이 퇴위하고 순종이 황제에 올랐다. 연호 또한 '광무'에서 '융희'로 제정됐다.

　고종을 강제로 퇴위시킨 일제는 한일신협약을 체결하고(1907, 정미7조약) 대한제국의 군대를 해산시켰다. 이후 기유각서를 체결하고(1909) 대한제국의 사법권을 박탈했다.

　이제 대한제국에게 남은 것은 허울뿐인 국권이었다. 일본은 이마저도 시간을 오래 끌지 않았다. 남한대토벌작전(1909)을 통해 한반도에 있는 항일의병을 소탕한 일제는 본격적으로 병합을 꾀했다.

　1910년 8월 22일 3대 통감 데라우치 마사타케와 총리대신 이완용이 만나 '한일병합에 관한 조약'을 체결했다. 그리고 일주일 후인 1910년 8월 29일 아래와 같은 내용이 공포됐다.

　"한국 황제 폐하는 한국 전체에 관한 일체 통치권을 완전히 또 영구히 일본 황제 폐하에게 양여한다."

　우리나라의 역사는 고조선과 삼국 시대를 거쳐 남북국 시대, 고려 그리고 조선으로 이어져 왔다. 당나라에 멸망당한 백제의 영토를 곧바로 신라가 수복하였고, 역시 당나라에 멸망당한 고구려는 30년 만에 발해가 그 뒤를 이었다. 발해는 비록 거란의 침입으로 멸망했지만, 발해의 지배층이 고려로 흡수되었기에 발해의 멸망으로 우리가 거란의 식민지배를 받았다라는 인식은 없다.

　우리는 사실상 중국이나 혹은 중국을 지배했던 강대국에 사대했을

지언정, 직접 식민지배를 당한 적은 없었다. 그렇기에 국가가 멸망한 이후 이민족에 의한 식민지배는 우리로서 처음 겪는 일이었다. 더군다나 중국과 대륙 세력에 의한 식민지배가 아닌, 바다 건너 변방이자 예전부터 무시했던 섬나라 일본에 의한 식민지배였기에 나라를 잃은 상실감은 더욱 컸다.

일본은 '한일합방'이라는 표현을 쓴다. 우리도 한때 '한일합방'이라는 잘못된 표현을 아무 생각 없이 사용했다. 그러나 합방은 두 나라 간의 상호 합의로 합쳐진 것을 뜻하므로, 우리로서는 옳지 않은 표현이다. 1910년 경술년은 나라를 빼앗기고 강토와 백성이 일본의 수중으로 들어간, 가장 치욕적인 해였다. 따라서 우리는 나라를 빼앗긴 8월 29일을 '경술국치일'이라 부르는 게 맞다.

1910년 경술년의 대한제국 황제는 순종이었다. 그러나 고종도 분명 살아 있었다. 고종이나 순종이 나라를 빼앗긴 것에 대한 책임을 통감하고 차라리 죽음을 택했더라면 후대로부터 동정이라도 받았을 것이다. 망국에 대한 어떠한 책임도 지지 않은 고종과 순종은 동정의 대상이 될 수 없다.

그럼에도 순박한 조선인들은 훗날 그 망국의 책임자들이 죽자 그들을 위해 국상을 치르며 애도했다. 그들의 죽음은 훗날 일제강점기 최대의 만세운동으로 연결되기도 한다.

고종이 죽은 뒤 고종의 인산일을 기해 3·1운동(1919)이 있었고, 순

종의 인산일을 기해
6·10만세운동(1926)
이 있었다.

　지금껏 잘못 알려
진 사실 중 하나는
대한제국의 마지막
황제 순종이 한일병
합조약문에 도장을
찍었다는 것이다. 그
러나 이는 잘못 알려
진 사실이다.

순종황제

　순종은 죽기 직전
한일병합조약에 찬
성한다는 서명을 직
접 하지 않았다고 유언을 남겼다.

　"지난날의 병합 인준은 강린強隣 일본과 역신 이완용 등이 더불어
제멋대로 선포한 것이요. 내가 한 바가 아니다."

　실제로 한일병합조약문에는 순종의 친필 서명이 존재하지 않는다.
　또한, 조약문에는 대한제국의 국새가 아닌 행정 결재에만 사용하는
어새가 찍혀 있다. 이는 한일병합조약이 국제법상 무효라 볼 수 있는

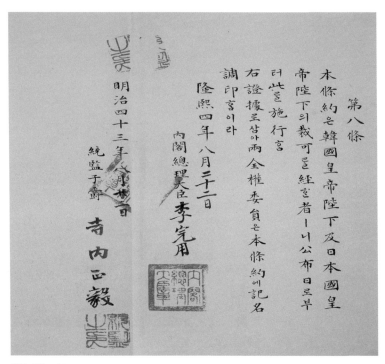

한일병합조약문

중요한 단서가 된다.

그러나 한일병합조약이 무효라 한들 무슨 소용이 있겠는가?

식민통치라는 암흑기 시절에 벌어진 무수한 물적·인적 자원 수탈
과 비인도적인 일본군 성노예조차 인정하지 않고 있는 일본이 한일병
합 자체가 무효였다고 인정이나 하겠는가?

우리는 이렇게 나라를 잃었다.

시대에 뒤떨어진 성리학 가치관인 위정척사를 버리지 못한 채 국가의 부국강병을 포기하고, 우물 안 개구리 같은 근시안적 시각으로 서세동점이라는 격동의 시기를 결국 넘지 못했다.

지배층은 무능했고 변절했다. 그래서 조선, 대한제국은 망했다.

요즘 대한민국은 어떠한가.

시대에 뒤떨어진 냉전적 사고로 인해 통일 정신은 찾아볼 수 없고 분단을 고착화시키며 민족 간 대립과 갈등으로 남북한의 독재 권력을 강화하려는 자들에 의해 남북한 주민들이 세뇌되어 서로 적대감이 커지는 사이, 중국과 일본은 즐거워하며 이를 이용한다.

지배층은 국익보다 개인의 이익을 우선시하고 언제든지 변절할 준비가 되어있는 듯하다.

또 망하지 말란 법은 없다. ●

이완용이
매국노 트리플크라운인
이유

친일파 매국노의 대명사 이완용.

을사오적, 정미칠적, 경술국적의 트리플크라운을 달성했으니, 말다한 것 아닌가.

그러나 이완용은 젊은 관료 시절, 반일주의자였다. 육영공원에서 영어와 신문물을 배운 이완용은 주미대사를 맡은 철저한 친미주의자였다. 미국에서 건너온 서재필이 독립협회를 조직했을 때, 이완용은 독립협회의 회장이었다. 서울 서대문에 있는 독립문 현판의 글씨도 이완용이 썼다고 하니, 이완용을 단순히 친일매국노라고 알고 있는 사람들에게는 충격적일 수도 있다.

민비가 시해된 이후, 경복궁에서 두려움에 떨고 있던 고종을 미국공사관으로 피신시키는 춘생문사건이 일어났다. 비록 이 사건은 실패했지만, 사건의 배후에는 친미주의자 이완용이 있었다.

한편, 미국이 고종을 보호하는 일에 큰 신경을 쓰지 않자, 이완용은 러시아와 접촉하여 고종을 러시아공사관으로 옮기는 데 성공한다(1896, 아관파천). 고종은 아관파천 이후 1년 만에 경운궁으로 돌아와 대

초대 주미조선공사관원 이완용(좌), 이완용, 이토 히로부미와 순종(우)

한제국을 수립했고 이완용은 대한제국의 장관급 관료가 되어 승승장
구했다. 그러나 러일전쟁에서 일본이 이기고 러시아가 항복하며 포츠
머스조약이 체결되자(1905.9.), 반일노선을 견지해 온 이완용은 갑자기
태세를 전환한다.

　이완용은 친일 관료의 대표 주자로 나섰다. 평소 그를 껄끄럽게 생
각한 일본으로서 천군만마를 얻은 셈이었다.

　두 달 후, 덕수궁 중명전에서 이토 히로부미가 대한제국의 대신들을
불렀다. 이토가 을사늑약의 체결을 강요할 때, 이완용이 찬성하며 말
했다.

"일본은 한국 문제로 청나라와 러시아와 전쟁을 벌여 승리했는데, 이제 무엇인들 못 하겠는가? 그런데 일본이 타협적으로 우리와 일을 처리하려고 하니, 우리 정부도 일본의 요구에 응하는 것이 마땅하다고 생각한다."

을사오적 중에서 학부대신 이완용이 제일 먼저 을사늑약에 찬성했다. 이완용을 따라 권중현·박제순·이근택·이지용도 을사늑약에 찬성하며 외교적으로 조선은 일본의 보호국이 됐다.

이때 이완용의 나이는 48세였고 이토 히로부미의 나이는 65세였으니, 둘은 17살 차이가 났다. 을사늑약이 체결되고 나서 이완용은 이토 히로부미를 스승으로 모시다시피 했다. 그 때문인지 이완용은 대한제국 황제 다음의 높은 자리인 총리대신에 올랐다. 또한 일본은 이완용을 광산 사무국 총재 자리에 앉혀 그에게 돈을 벌 기회를 주었다. 동시에 이완용을 앞장세워 조선의 금과 은이 일본으로 유출되도록 만들었다.

이완용은 총리대신으로서 고종의 퇴위와 같은 해 한일신협약(1907, 정미7조약)의 체결을 주도했다. 그는 대한제국의 각 부서에 일본인 차관을 임명하여 대한제국의 장관을 조종케 했고, 대한제국의 군대를 해산시켰다.

대한제국의 언론을 일본으로부터 검열받기 위한 신문지법의 제정과(1907) 일본의 식민지배로 향하는 길에 저항할 것 같은 인사들을 잡아들이기 위한 보안법의 제정(1907) 역시 일본에 협력한 총리 이완용의 작품이었다.

2년 후, 여전히 총리대신이었던 이완용은 기유각서를 체결하여 (1909) 대한제국의 사법권을 자발적으로 일본에 넘겼다. 이 무렵, 이완용이 자신의 스승 이토 히로부미에게 한 말이 있다.

"어떤 난관에도 좌절하지 않고, 대한제국을 일본에 병합시키겠습니다."

이토 히로부미는 이 말을 들은 직후 하얼빈에서 안중근에게 죽임을 당했고, 이완용은 명동성당 앞에서 이재명에게 칼을 맞고 사경을 헤매다 간신히 살아났다.

스승 이토는 죽었고, 자신은 병석에 누워 있다 보니, 매국을 놓고 경쟁 관계였던 송병준과 이용구가 주도하는 일진회에게 매국의 주도권을 빼앗길 지경이었다. 이완용은 그 꼴을 보다 못해 직접 나서서 한일병합조약을 체결시켰다.

한일병합조약 체결은 당시 조선의 3대 통감이었던 데라우치와 대한제국 총리대신 이완용 사이에서 이뤄진 뒤에야 순종의 어새가 찍혔다. 이 때문에 나라를 넘긴 최대 매국노는 이완용이 분명하다. 매국이라는 경쟁에서 패배한 일진회의 이용구는 한일병합조약 이후 버림을 받고 결핵에 걸려 죽었다. 참 기가 막힌 경쟁이었다.

일제강점기에 접어들면서 이완용은 일본으로부터 백작의 지위를

이완용과 그의 아들 이항구(뒷줄 가운데)·이완용의 무덤

받았다. 그 지위는 훗날 후작까지 올라갔다. 이완용의 재산은 오늘날
돈으로 환산하면 600억 정도가 된다고 한다. 그 당시 조선의 최고 부
자 가문이었던 이회영 일가가 독립운동에 전념하기 위해 일가의 재산
을 처분한 것이 돈으로 따지면 600억 정도였다고 하니 이완용이 얼마
나 재산을 쌓은 부자였는지 알 만하다.

　물론 이완용은 이재명에게 칼을 맞은 후 말할 때마다 입에서 쉑쉑
소리가 나는 폐질환으로 겨울마다 고생했다. 하지만 이 병은 이완용의
수명을 단축시키지 못했다.

　시간이 지나 3·1운동이 일어나자 이완용은 이렇게 말했다.

"조선 민중들아, 시위한다고 세상이 바뀔 것 같더냐? 우리 천황폐
하는 그럴 분이 아니다."

"동포여 내 말을 들어라. 우리는 일본이 필요하다. 그것이 조선을

위한 길이다."

이완용은 늘그막에 조선의 창덕궁을 일본 왕의 별궁으로 삼으려 했다. 창덕궁은 임진왜란 이후 사실상 조선의 법궁이자 왕들의 집이나 다름없는 곳이었다. 흥선대원군이 경복궁 재건을 시도했지만, 조선왕조의 정신은 아직도 창덕궁에 더 크게 깃들어 있었다.

창덕궁과 근접한 창경궁이 동물원이 된 것도 억울할 진데, 이완용은 비굴하게 아부를 떨며 창경궁을 왜왕의 별궁이 되도록 시도했다. 기가 찰 노릇이다. 일제강점기 35년 동안 일본의 왕들은 한 번도 조선 땅을 방문하지 않았다. 그런데 무슨 이유로 창덕궁을 왜왕의 별궁으로 만들겠다는 말인가?

이완용은 창덕궁을 팔아서라도 왜왕을 조선땅에 오게 하여 한 번 만나보고자 했던 것일까.

이완용은 1926년에 가서야 69세의 천수를 누리고 죽었다.

이완용이 사망하자 동아일보에는 이런 글이 실렸다.

"팔지 못할 것을 팔아서, 누리지 못할 것을 누린 자."

이완용은 아들 이항구에게 다음과 같은 유언을 남겼다.

"힘없는 다리를 부축해 달라고 부탁한 것이 어찌 나라를 팔아먹은 일이라고 매도당해야 하는가?"

그리고 한 마디를 덧붙였다.

"아들아, 앞으로는 미국이 득세할 것이다. 너는 친미파가 되거라."

이완용의 유언을 들은 그의 아들 이항구 역시 일본으로부터 남작 지위를 받고 잘 살다가, 해방되기 직전에 죽었으니 천운이 아닐 수 없다. 이완용의 후손들은 대를 이어 아직까지 부를 누리고 있다.

그래도 다행인 것은 이완용의 무덤에는 항상 식칼이 꽂혀 있었다는 것이다. 1979년 후손들에 의해 이완용의 묘는 파묘되고, 시신은 화장됐다. 그의 뼛가루가 우리 산천 어디에 뿌려졌는지 모르겠지만, 그곳은 더럽게 오염된 곳이다. ●

일본은
조선왕조와 전쟁을 한 적이
없었다?

보수 정당의 비상대책위원장을 맡았던 한 국회의원이 자신의 페이스
북에 다음 발언을 남겼다.

"조선은 왜 망했을까? 일본군의 침략으로 망한 걸까? 조선은 안에
서 썩어 문드러졌고, 그래서 망했다."
"일본은 조선왕조와 전쟁을 한 적이 없다."

가해자 일본을 변호하는 논리가 딱 식민사관이다.
중국 소설 『삼국지』 첫머리에는 이러한 문장이 있다.

"나누어진 지 오래면 반드시 합쳐지고, 합쳐진 지 오래면 또 반드시
나누어진다."

국가의 흥망성쇠 역시 마찬가지다.
전근대 사회 어느 국가든 나라의 멸망 과정에서는 모두 군주의 무능

이나 내부 분열로 백성들의 삶이 평안치 못했다. 이때 내부에서 새로운 국가를 스스로 세우기도 하지만, 외세의 침략으로 국가 멸망 단계에 이르기도 한다.

만약 조선이 우리 내부에서 성장한 새로운 힘에 의해 무너졌다면 조선 멸망의 이유를 내부적으로 찾아야 함이 당연하다. 그러나 조선은 외세의 침략으로 무너졌다. 그 외세는 일본이었다. 물론 일본에게 식민지배를 당할 만큼 스스로 강하지 못했음을 반성하고 다시는 그런 역사의 반복을 막기 위해 노력해야겠지만, 우리가 조선을 점령한 일본에 분노를 느끼고서 그들의 침략 행위를 비판할 수 있는 것 역시 당연하다.

예를 들어 우리 집이 문단속에 소홀하여 강도가 들었다고 치자. 그 강도가 가족을 때리고 재산까지 훔쳤다. 물론, 문단속을 잘하지 못한 부분에 대해 반성해야 하겠지만, 문단속을 제대로 하지 못했으니 강도가 들어와도 된다고 말한다면 그 사람은 정신병자다.

"일본은 조선왕조와 전쟁을 한 적이 없다."

이 표현은 너무나도 큰 오류다. 고려 말, 왜구의 침략이 591회 있었고 조선 시대에 가서 178회 있었다. 삼포왜란(1510)과 을묘왜변(1555) 등은 차치하더라도, 임진왜란(1592)과 정유재란(1597)의 7년 전쟁이 조선의 인구 1/3을 죽음으로 몰고 갔다는 것을 설마 국회의원이 모르진 않았을 것이다.

그렇다면 그의 발언은 국권이 피탈되던 시기 "조선은 일본과 전쟁할 능력도 없는 못난 나라였다"라고 얘기함으로써 후손인 우리에게 열등의식을 심고, 일본에 대한 면죄부를 주려는 못된 의도가 숨어 있음이 충분히 짐작된다. 그러나 저 표현을 국권이 피탈되던 시기로 국한하더라도, 일본이 조선왕조와 전쟁을 한 적이 없다는 말은 역사 왜곡이다.

김옥균을 비롯한 급진개화파가 일본과 손을 잡고 갑신정변을 일으킨 뒤 고종과 민비를 인질로 잡자, 앞서 임오군란을 일으키며 민비를 잡아 죽이려 했던 구식 군인조차 일본과 손잡은 급진개화파에 반기를 들었다. 조선의 군인들은 청군과 함께 일본군을 향해 분명 총구를 겨누었다. 일본이 꽁무니를 빼게 되면서 갑신정변이 삼일천하로 끝난 이유이기도 하다.

동학농민운동이 일어나자 조선 정부는 동학농민군을 진압하기 위해 청나라에 군대를 요청했다. 청군이 조선에 상륙하자, 톈진조약에 따라 조선에 들어온 일본군은 무력으로 경복궁을 점령했다. 일본의 경복궁 점령은 결코 무혈입성이 아니었다. 일본군과 경복궁을 지키려는 경복궁 수비대와의 처절한 전투가 있었다. 조선은 경복궁을 그저 내어준 게 아니라, 힘이 없어 빼앗긴 것이다.

일본군이 경복궁을 점령하자, 앞서 조선 정부와 전주화약을 체결하고(1894.5.) 무기를 내려놓고 고향으로 돌아간 동학농민군은 또다시 봉기했다(1894.9, 제2차 봉기). 동학농민군 수만 명은 공주 우금치에서 일본군의 개틀링 기관총 아래 피를 뿌리며 쓰러졌다. 우금치에서 당한 그들의 죽음은 이 땅의 지배권을 외세에 줄 수 없다는 민초들의 저항이자 의지였다.

국가에 대한 충이든, 왕에 대한 충이든, 국가와 왕조를 지키기 위해 민초들이 일어섰다면 이 또한 조선왕조의 저항이 맞다.

일본과 조선의 전쟁은 이게 끝이 아니었다.

1905년 강제로 을사늑약 체결에 성공한 일제는 1907년 한일신협약을 발표하여 대한제국의 군대를 해산시켰다. 그러나 서울에 주둔 중이던 대한제국의 중앙군인 친위대와 시위대는 일제의 해산 명령에 불복했다. 그들은 무기를 빼앗기지 않기 위해 일본군과 치열한 시가전을 전개하였으니, 이를 남대문전투라고 한다(1907.8.). 대한제국의 군대가 일본군에 패했고, 시위대 군인들의 널브러진 시신을 보고 한양의 백성들은 피눈물을 흘렸다.

대한제국의 지방군 진위대는 스스로 무기를 들고 탈영하여 의병 부대에 합류했다. 이렇게 대한제국의 군인이 합류한 의병을 기존의 을사의병과 구별하여 정미의병이라 부른다.

다음은 일본 측의 기록이다.

"해산한 군인이 합류한 이후, 의병들의 첩보 능력과 작전 수행 능력이 향상됐다."

정미의병은 13도창의군을 구성한(1908) 이후 국제법상 교전단체임을 인정받으려 했다. 즉, 자신들이 대한제국의 정식 군대임을 선포했다는 뜻이다. 이렇게 전국적으로 확산된 정미의병을 끝장내기 위해 일제는 남한폭도대토벌작전(1909)까지 단행했다.

위와 같은 역사적 사실 앞에서 조선왕조가 일본과 전쟁 한번 하지 않았다는 것이 말이 되는 소리라 할 수 있을까.

조선은 일본과 전쟁할 능력도 없는 국가였다고 돌려 까고 싶었겠지만, 우리 민초들은 국가로부터 작은 혜택 하나 받은 것 없어도 국가가 위기에 빠지면 나라를 살리기 위해 목숨을 바치는 위대한 DNA를 가졌음을, 그 국회의원은 정서적으로 이해하기 힘들 것이다.

도대체 이 나라 여당의 비상대책위원장이 왜 이따위 발언을 하는가 하고 보았더니, 역시 그의 할아버지가 친일파였다.

일제강점기 친일파들은 이기심과 야욕을 위해 자발적으로 친일을 선택했다. 친일은 스스로의 의지였다. 그러나 친일파 후손들의 친일은 기득권을 누리고 호의호식하면서 부모와 조상들에게 세뇌된 친일이기에, 답도 없다.●

요즘
역사
___
14

조선이 자랑스럽지 않은
자학·친일적
마인드를 벗어던져라

2015년 대한민국을 가장 뜨겁게 달군 단어로 '헬조선'이 선정됐다. 지옥을 뜻하는 'hell'과 '조선'의 합성어로서, '대한민국이 지옥에 가까울 정도로 살기 힘든 사회'라는 의미이다.

'헬조선'이라는 단어는 본래 일본의 식민통치와 식민사관을 옹호하는 사람들이 조선을 비하하기 위해 사용하기 시작한 단어였다. 10년이 지난 오늘날 '헬조선'의 쓰임은 줄어들었으나, 아직도 자학사관에 빠진 채 우리 역사를 비하하는 사람들이 있다. 그리고 그들이 비난하는 역사의 중심에는 여전히 조선이 존재한다.

조선을 비난하는 사람들은 우리 역사가 과대 포장되었다며 마치 자신이 객관적으로 역사를 바라보고 있다는 기괴한 우월의식을 갖고 조선의 잘못된 점을 꼬집는다.

이들은 조선과 조선인을 향해 열등하고 야만적이었다고 주장한다. 그런데 이러한 주장을 하는 상당수의 사람들은 친일 매국적 사관을 가지고 있다. 그들은 조선을 비하함으로써 일본의 식민지배를 당연시하고, 일제강점기가 조선보다 더 살기 좋았다고 말하는 식민지근대화론의 주장을 뒷받침한다. 또한, 침략국 일본의 잘못이 아닌 조선의 무능함을 탓하며 일본의 침략성을 두둔한다. 이런 역사관을 가지고 있는 자들은 국권피탈 당시의 친일 매국노조차 쉽게 용서하고 받아들인다. 이런 이들은 우리나라가 외세에 침략당하거나 위기에 닥쳤을 때 충분히 매국할 가능성이 있는 자들이다. 따라서 이들의 주장이 옹호되어서도 안 되고, 확산되어서도 안 된다.

애국을 강요할 수는 없지만 매국을 용서하고 정당화하는 국가도 없거니와 그런 역사 교육 역시 있을 수 없다.

필자 역시 조선의 성리학적 가치관과 명분론에 입각한 신분 질서와 허례허식, 기술문화의 침체를 보며 안타까움을 느끼면서도 비판적이다. 그러나 과거 역사의 허물을 비난하기에 앞서 현재를 살아가는 나는 시대적 속박에서 깨어나 있는지 스스로 질문을 해 보아야 한다.

조선이 시시각각 변하는 주변 정세를 헤아리지 못하고, 시대의 흐름을 따라가지 못해 멸망했다는 이유로 조선을 비판할 수는 있다. 그러나 조선 멸망기의 역사에서 교훈을 얻으려 하는 대신 그저 조선 전체에 대한 조롱과 비하를 일삼는 이들에게 되레 질문하고 싶다.

"당신은 구시대적 사고에서 벗어난 삶을 살고 있는가?"

공산주의가 실현 가능하다는 환상은 스탈린과 마오쩌둥, 김일성 등의 독재자들로 인해 이미 깨진 지 오래다. 그리고 독일 통일(1990)과 소련의 붕괴(1991)로 냉전 체제는 끝났다. 전 세계 어떤 자본주의 국가도 공산화에 대한 두려움은 있을 수 없다. 그럼에도 반공이라는 구시대적이고 케케묵은 레드 콤플렉스에 빠져 살면서 성리학적 가치관에 지배당하며 살았던 조선의 사대부들을 비판할 자격이 있는지 묻고 싶다.

여전히 반공을 외치는 자들은 발끈하며 이렇게 말할 것이다.

"대한민국은 공산주의 국가 북한과 대립하고 있지 않은가?"

혹여나 있을 북한 독재정권의 도발로 인한 전쟁이 무섭지, 진정 그들의 공산주의가 무서운가? 전쟁이 일어날 확률도 없거니와, 설령 전쟁이 난다 한들 북한이 남한을 점령하는 일이 가능할 것이라 보는가? 대한민국을 상대로 공산주의 통치가 가능할 것이라 생각하는가? 이토록 발전된 자본주의 국가가 공산화가 된 사례를 단 한 번이라도 본 적이 있던가? 대한민국에서 공산화의 기본조건인 일당독재와 산업의 국유화, 사유재산 불인정이 과연 가능할 것 같은가?

나 역시 공산주의가 싫다. 그러나 무조건적 반공주의자들의 반공은 반민족과 결을 같이 한다.

전쟁의 공포감을 확산하는 위정자들과 반공주의자들이 친일 매국적 성향을 보이며 조선을 비하하는 것 또한 코미디다.

조선이 비난받는 또 다른 큰 이유는 조선의 사대성이다. 그놈의 성리학적 사관에 입각하여 존화주의에 빠져 살았던 조선이니, 모든 비난의 근간은 성리학이었다. 필자 역시 조선의 사대성에 관해서는 상당히 비판적인 목소리를 낸다. 그러나 요즘 대한민국을 보고 있자면, 이 땅에서 살아가는 우리가 조선의 사대성을 비판할 자격이 있는지 또 고민하게 한다.

조선은 임진왜란이 발발하자 명나라에 전시작전권을 내어 주고 도움을 받았다. 그러나 전쟁이 끝난 뒤, 명나라의 군대는 조선 땅에서 물러갔다. 반면에 한국전쟁 당시 전시작전권을 건네받은 미군은 전쟁이 끝난 지 70년이 다 되어 가지만, 지금도 대한민국에 주둔하고 있다. 전시작전권 또한 주한미군 사령관의 권한이다.

조선의 사대성이 안타깝지만 우리의 사대성 역시 후손들에게 비판의 대상이 될 수 있음을 알아야 한다.

그렇다면 조선은 정말 후진적이고 열악했을까?

1392년, 고려말 성리학자들인 신진사대부들이 이성계를 추대하며 조선이 건국됐다. 조선은 유교 이념을 기반으로 중앙정치조직·지방제도·과거제도·군사제도 등 근간을 정비하며 일찍이 나라의 기초를 다졌다.

조선의 중앙정치조직은 앞서 고려와 비교가 불가능할 정도로 체계적이었다. 품계 30관등 체계의 큰 틀은 500년 동안 변함없이 유지되었고, 왕권 강화기구와 왕권 견제기구가 따로 있어 왕권과 신권의 조화가 이루어졌다. 조선의 정치 시스템은 지금의 검찰청에 해당하는 사헌부의 관리들이 나라를 쥐고 흔들 수 있는, 그런 수준 낮은 정치 시스템이 아니었다. 만약 조선의 관료들이 검찰독재에 신음하고 있는 현재의 대한민국을 본다면 실소를 금할 수 없을 것이다.

지금 대한민국 지방제도의 뿌리는 조선의 8도다.

조선의 지방제도는 행정구역 말단까지 지방관이 파견되어 완벽한 중앙집권이 이루어졌기에 역시 고려보다 진일보했다. 특히 지방관 중에 으뜸이라 할 수 있는 각 도의 도지사 격인 관찰사만 보더라도 임기를 1년 이상 주지 않았다. 그리고 상피제(그 지역 출신이 아닌 사람을 관찰사로 임명하는 것)를 적용하였기에 조선왕조 500년 동안 관찰사들의 반란은 단 한 번도 일어난 적이 없었다. 그 관찰사들이 지방 수령들의 성적을 중앙에 보고하였기에 조선의 사또들 역시 탐관오리가 되기 어려웠다. 조선의 지방행정 시스템 속에서 군주가 마음만 제대로 먹고 통치했다면 탐관오리는 언감생심이었다. 그래서 세종과 정조의 치세와 대원군 집권기에는 말 그대로 탐관오리는 거의 전멸이었다.

조선의 과거제도 시스템은 토 나올 정도로 복잡하지만 기계적으로 잘 돌아갔다.

조선의 과거는 문과와 무과, 잡과로 크게 나뉘었고 문과는 또 소과와 대과로 나뉘었다. 문과의 대과와 무과는 국가가 주관하여 초시와 복시, 전시의 3단계 시험을 치렀고 잡과는 해당 관청에서 주관했다.

경쟁은 치열했고, 과정은 공정했다. 다만 시험 응시과목이 유교경전과 한문학에 치우친 문과가 중시되다 보니 학문의 균형 발전이 어려웠던 것은 사실이었다.

그러나 대한민국에서 교육 균등을 말하기도 어렵거니와 수학 교과만이 중시되는 비상식적 입시제도를 유지하는 나라에서 선대 국가 조선의 과거제도를 손가락질하기에는 우리의 손가락이 너무 부끄럽다.

조선의 군사제도는 형식적으로 나름 잘 갖추어졌지만 오랜 평화 속에 병장기는 무뎌지고, 농민병들은 군사 훈련이 되어 있지 않아 임진왜란 초기에 총체적으로 무능한 국방력을 보였기에 한심했음을 인정해야 한다. 그래도 현재 남북한 한반도의 북방 경계인 압록강과 두만강의 국경선 역시 세종 때 최윤덕의 4군과 김종서의 6진 개척으로 가능했으니, 우리의 국경선 역시 조선을 계승하고 있음을 알아야 한다.

조선에서 특히 15세기의 부국강병은 절대 무시할 수 없다. 태종과 세종, 세조와 성종으로 이어지는 그 시기의 조선은 우리 역사 어느 시기보다 국가 경쟁력이 앞섰던 시기라고 말하고 싶다. 특히 편찬사업만큼은 세계 1등을 주고 싶다.

『조선경국전』, 『경제문감』, 『경제육전』, 『경국대전』 등의 법전.

『혼일강리역대국도지도』와 『팔도도』 『동국지도』, 『조선방역지도』 등의 지도.

『신찬팔도지리지』, 『동국여지승람』, 『신증동국여지승람』 등의 지리서.

『진도』와 『총통등록』, 『동국병감』과 『병장도설』 같은 병서와

『농사직설』과『금양잡록』등의 농서.

『향약집성방』,『태산요록』,『의방유취』같은 의서와

그리고

『고려국사』와『동국사략』,『고려사』,『고려사절요』,『동국통감』같
은 역사서.

그리고『조선왕조실록』

15세기의 과학기술의 발달 역시 부국강병에 일조했다.

지금 우리는 부끄럽게도 동경시를 쓰고 있지만 조선은 서울을 중
심으로 시간을 계산하는『칠정산』이라는 역법서를 편찬했다. 우리의
1만원권 지폐의 고구려 천문도인 천상열차분야지도 역시 조선 시대
에 돌에 새겨진 덕분에 오늘날까지 전해지고 있다.

토지측량기구 인지의와 규형이 만들어졌고, 모두 알다시피 장영실
에 의해 천문관측기구인 혼의와 간의, 자격루(물시계)와 앙부일구(해시
계) 그리고 강우량 측정기인 측우기가 만들어졌다.

활자 기술의 발달로 주자소가 설치되고 계미자, 갑인자 등의 활자도
개발됐다.

그리고 우리의 자랑스러운 문자인 한글 역시 15세기에 창제되었으
니, 조선의 15세기는 고구려의 광개토대왕과 장수왕 전성기를 잇는
민족의 최대 전성기였다.

비록 16세기에 들어 연산군, 중종, 명종, 선조 등의 무능력한 왕이

연이어 등장하고 임진왜란과 병자호란이라는 큰 위기를 겪어야 했지만, 국가로부터 받은 것 하나 없어도 나라가 위기에 처하면 제일 먼저 일어나는 DNA를 가지고 있는 우리 조상들이 있어 조선왕조는 500년을 유지할 수 있었다.

그렇다면 왜 조선을 미개하다고 하는 것일까?

얼마 전 각종 온라인 커뮤니티와 SNS에 '서양인이 바라본 조선의 모습'이라는 글이 올라왔다.

"조선의 길거리는 곳곳에 오물이 가득하고, 조선인은 씻지 않아 불결하다."

"정비되어 있지도 않은 흙길이 똥으로 뒤덮여 조선인은 똥과 흙도 구분하지도 못했을 것"

조선을 방문한 서양의 성직자와 여행객들이 조선의 불결함과 열등함을 논한 글을 볼 때마다 냉소를 짓지 않을 수 없다.

목욕 문화가 발달하지 않았던 것은 중세 유럽도 마찬가지였다. 유럽인은 일 년 동안 목욕하는 날을 손에 꼽았다. 화려함을 자랑하는 프랑스 베르사유 궁전에 화장실이 존재하지 않았다는 사실을 알아야 한다. 참고로 조선의 경복궁에는 10명이 동시에 이용할 수 있는 화장실이 최소 15개가 있었다고 한다.

프랑스의 왕족들은 요강이나 한 가운데 구멍이 뚫린 의자에 앉아 용변을 보았다. 화장실 문화가 없었기에 프랑스의 여인들은 기저귀를 차고 다녔으며 그래서 온몸에 향수를 뿌려야 했기에 향수 문화가 발달하게 된다.

왕족이 아닌 일반 서민들은 나무로 만들어진 통을 집에 두고 대소변을 누고 저장했으니, 그들이 사는 집에서 똥오줌 냄새가 진동했음은 당연하다. 그리고 대소변을 보았던 오물통이 가득 차면 창문을 열고 바깥에 그 오물을 그냥 뿌렸다. 거리에 방치된 각종 오물을 치마 끝단에 묻히지 않기 위해 굽이 높은 구두인 하이힐을 신어야 했을 정도였다. 만약 이 당시 유럽인들이 고려 서민들이 쓰는 요강을 보았다면 귀중한 도자기라며 서로 갖겠다고 난리를 쳤을 것이다.

이처럼 위생 관념을 찾아볼 수 없던 유럽의 지저분한 거리에는 페스트균에 감염된 쥐가 들끓었고, 쥐에 서식하는 벼룩에 의해 유럽인 수천만 명이 목숨을 잃은 어마어마한 흑사병 같은 전염병이 돌기도 했다.

17세기 이후 유럽은 산업혁명을 거치면서 비약적인 발전을 이룬다. 그와 동시에 도시의 인구도 빠르게 증가했다. 특히, 교역 활동이 활발했던 런던의 템스강에는 많은 사람과 물건을 싣는 배가 몰렸다. 이 때문인지 템스강은 점점 오염되기 시작했고 결국 콜레라가 창궐하면서 열흘 만에 수백 명이 죽기도 하였다. 이런 식의 전염병을 겪은 유럽 전역에 위생 관념이 철저해지면서 비로소 상하수도 시설이 갖춰지고, 목욕 문화가 나타나기 시작했다.

서양이 우리보다 100년 혹은 200년 먼저 청결의 중요성을 알았다는 것은 인정하지만 수천년에 달하는 그들의 불결함도 엄연한 사실이다.

전근대 시대에는 결코 조선인만 더럽지 않았다.

일본의 임진왜란 기록물 어디에도 조선인이 더럽다는 표현은 없다. 조선을 지옥으로 표현하며 하멜표류기를 썼던 하멜조차 조선인이 더럽다는 표현을 한마디도 하지 않았다.

전근대 사회에서는 유럽이나 중국이나 일본이나 조선이나 더럽기는 매한가지였다. 단지 서양에서 근대화의 산물로 위생 관념이 먼저 생겨나며 의학 발달을 이끌었고 그 혜택이 동양에도 주어져서 우리 역시 지금은 위생 관념을 지키며 살고 있는 것뿐이다.

지금 대한민국의 목욕 문화는 세계적이다.

쓰레기를 찾아보기 힘든 깨끗한 대한민국의 거리와 쓰레기통 뒤에서 쥐가 들끓는 유럽의 거리를 비교해 보라. 깨끗한 서울의 지하철과 무시무시할 정도로 더럽고 오염된 뉴욕의 지하철의 위생 상태를 비교하여 미국을 더러운 나라라고 조롱할 자신이 있는가?

조선의 역사를 공부하며 조선이라는 나라에 대한 비판적 사고를 가질 수는 있지만 조선을 무조건적으로 비하하는 것은 역사에 대한 무지이다. 국뽕에 대한 반감으로 역사를 객관적으로 파악하려는 자세는 좋지만 매국뽕은 미래의 매국노가 될 수 있음을 자인하는 것밖에 안된다.

찬란했던 조선 전기와 어두운 그림자가 드리웠던 조선 후기 모두 엄연한 우리의 역사이자 그 시대를 살아간 조선인들 역시 우리의 핏줄이다. 나라를 세우고 역사를 지켰던 조상을 비하하고 그들의 노력을 깎아내려서는 안 될 것이다.

옆집 아저씨가 아무리 잘났어도 내 아버지를 더 사랑하고 존중하듯이 다소 아쉬운 역사라 할지라도 소중하게 받아들여야 한다. ●

당신에게 가장 가까운
요즘 역사: 근대

1판 1쇄 인쇄   2024년 3월 20일
1판 5쇄 발행   2024년 4월 02일

지은이 황현필
발행인 공정범
발행처 역바연
주소 경기도 용인시 수지구 수지로421, 503호
전화 031-896-7698
등록 2021년 11월 26일. 제 2021-000150호
ISBN 979-11-985932-7-6 03910

이 책을 만든 사람들
기획·편집 공지영
표지·본문 디자인 페이퍼컷 장상호